Über das Buch. Die Geschichte Badens, vor allem kurz bevor es und seit es 1806 von Napoleons Gnaden Großherzogtum geworden war, und Geschichten aus dieser Zeit sowie die Schicksale einzelner Gestalten dieser Epoche haben den Erzähler wie den Essayisten Otto Flake fasziniert. So fesselte ihn auch »das undurchsichtige und phantastische Kapitel Kaspar Hauser«, das seinerzeit 1816 mit der Entdeckung einer geheimnisvollen Flaschenpost, über die die Zeitungen berichteten, öffentlich begann. Aber so wie Details, die zunächst fraglich erscheinen, erst Sinn bekommen, wenn sie in den Zusammenhang der übrigen Zeitereignisse eingeordnet werden, so greift Flake hier in seinem Tatsachenbericht auf die Vorgeschichte, auf Leben und Regierung der sicher zu Recht vermuteten Großeltern und Eltern Kaspar Hausers, des legitimen Thronerben zurück. Alles an der Geschichte dieses wohl 1812 geborenen, 1828 als »Findling« aufgetauchten, 1834 ermordeten Mannes erscheint ohne diesen Hintergrund noch unwahrscheinlicher; die meisten Dokumente sind vernichtet worden, und doch ist vieles nachvollziehbar geblieben. Ohne Gefahr zu laufen, Gefühle für Beweise zu nehmen, kombiniert Otto Flake die einzelnen Entdeckungen, die seither von verschiedenen Forschern gemacht wurden, zu einer Rekonstruktion des möglichen Geschehens und einer Charakterisierung des Zeitalters mit den beiden Aspekten Biedermeier und Reaktion, in dem Unsicherheit und subalternes Verhalten vorherrschten. Die Indizien, so vereinzelt sie bis heute bekannt sind, weisen in dieser Betrachtung deutlich auf die Abstammung Kaspar Hausers von dem Großherzogpaar Karl und Stephanie von Baden und – auf politischen Mord. »Es kam zwar nicht alles an die Sonne, aber manches beginnt seltsam im Zwielicht zu schimmern.«

Der Autor Am 29. Oktober 1880 in Metz als Sohn deutscher Eltern geboren, wuchs Otto Flake im Elsaß auf. In Colmar besuchte er das Gymnasium, in Straßburg studierte er Germanistik, Philosophie und Kunstgeschichte. Nach Aufenthalten in Paris und Berlin, wo er regelmäßiger Mitarbeiter der ›Neuen Rundschau‹ wurde, war er während des Ersten Weltkriegs in der Zivilverwaltung in Brüssel tätig. 1918 ging er nach Zürich und schloß sich dem Dada-Kreis an; in den folgenden Jahren unternahm er Reisen in Europa, wurde 1928 in Baden-Baden seßhaft, wo er am 10. November 1963 starb. – Rolf Hochhuth und Peter Härtling haben 1973–1976 eine fünfbändige Ausgabe von Flakes Werken herausgegeben, die neben den Erzählungen und Essays seine wichtigsten Romane berücksichtigt.
Ein Hinweis auf weitere Bücher von Otto Flake findet sich am Ende dieses Bandes.

Otto Flake

KASPAR HAUSER

Fischer Taschenbuch Verlag

Die Erstausgabe erschien 1950
im Kessler Verlag, Mannheim.

Ungekürzte Ausgabe
Veröffentlicht im Fischer Taschenbuch Verlag GmbH,
Frankfurt am Main, Dezember 1989

Lizenzausgabe mit freundlicher Genehmigung
der S. Fischer Verlag GmbH, Frankfurt am Main

Umschlaggestaltung: Buchholz / Hinsch / Hensinger
Umschlagfoto: Ullstein-Bilderdienst, Berlin
Gesamtherstellung: Clausen & Bosse, Leck
Printed in Germany
ISBN 3-596-29557-2

Vorwort

Die Ergebnisse der deutschen Kaspar-Hauser-Literatur bis zum Beginn der dreißiger Jahre unseres Jahrhunderts sind in den beiden Bänden verarbeitet, die Edmond Bapst in Paris veröffentlichte: *A la conquête du trône de Bade* (1930) und *Une mère et son fils* (1933).

Bapst hat sich große Verdienste durch eigene Forschung erworben; er zog die in den französischen Staatsarchiven liegenden Schriftstücke für die Vorgeschichte heran und schöpfte aus anderen Quellen, die ihm dank seiner diplomatischen Tätigkeit, vor allem im zaristischen Sankt Petersburg, zugänglich waren.

Sein Werk bringt also Zusätze, die sich in deutschen Abhandlungen nicht finden. Es wurde meines Wissens nicht übersetzt; auch müßte der Übersetzer die beiden Bände zu einem zusammenziehn, da sich einige Kapitel wiederholen und der spätere Band Angaben des früheren berichtigt.

Was ich bei der Beschäftigung mit dem Fall Kaspar Hauser vermißte, war eine straffe, von allen Abschweifungen befreite Erzählung. Ich versuche, sie im Folgenden zu geben. Ihr Eigenwert mag darin bestehn, daß sie einen geschlossenen, mit keinem philologischen Apparat belasteten Bericht über Vorgeschichte, Geschichte und Nachgeschichte Kaspar Hausers ergibt. Lesbarkeit und Übersichtlichkeit unter Verzicht auf moralisierende Betrachtungen waren meine Gesichtspunkte. Daß die Darstellung der Schicksale des Findlings von Nürnberg bis zum Jahr 1787 zurückgehn muß und nebenher zu einem Abriß der – ungemein spannenden – Entstehungsgeschichte des Großherzogtums Baden wird, liegt in der Natur des politischen Stoffes.

Wenn meine Arbeit dazu beitrüge, den Entschluß zur Freigabe der letzten Geheimakten und privaten Aufzeichnungen zu beschleunigen, das im badischen Land noch nicht verstummte Gerede über Kaspar Hauser dem Abschluß zuzuführen, würde ich Genugtuung darüber empfinden, diesen Versuch geschrieben zu haben.

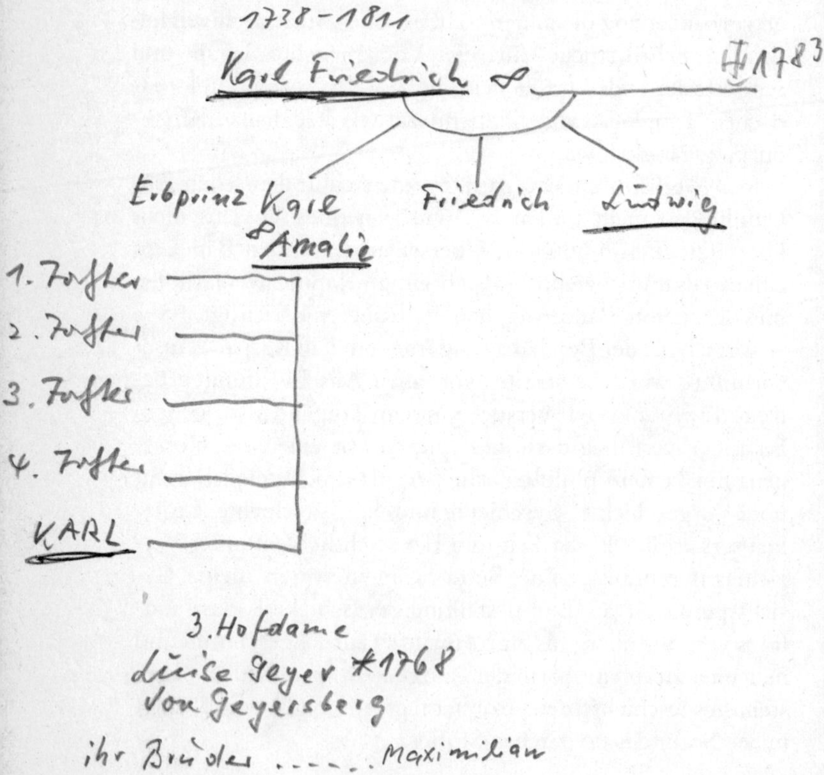

I

Angeregt ohne Zweifel durch die Gothaischen Genealogischen Taschenbücher, brachte zum Jahr 1786 der Karlsruher Drucker J. G. Müller den ersten badischen Hof- und Staatskalender heraus. Man erfährt: Seine Hochfürstliche Durchlaucht, Markgraf *Karl Friedrich*, ist achtundfünfzig Jahre alt, seit 1738 Markgraf von Baden-Durlach, seit 1771 auch, nach dem Aussterben des katholischen Zweiges, Markgraf von Baden-Baden. Die Gemahlin, Landgräfin von Hessen-Darmstadt, starb 1783; er besitzt von ihr drei Söhne: den Erbprinzen Markgraf Karl, den Markgrafen Friedrich, den Markgrafen *Ludwig*.

Der Erbprinz Karl ist verheiratet mit *Amalie*, Landgräfin von Hessen, und Vater von vier Töchtern. Der Kalender konnte noch nicht wissen, daß im Lauf von 1786 dem Erbprinzen ein Sohn geboren werden würde – Karl –, der die direkte Erbfolge sicherte.

Auch einen anderen Namen führt der Kalender nebenher auf: den der Freiin *Luise* Geyer von Geyersberg: unter den drei Hofdamen der Erbprinzessin Amalie steht sie als Jüngste an letzter Stelle. Erst das Jahr 1787 rückte sie in den Vordergrund. Der Name Geyer von Geyersberg kehrt in unserem Kalender an einer anderen Stelle wieder: einer der zwei Rittmeister der Garde du Corps war der Freiherr Geyer von Geyersberg, ein Bruder des Fräuleins.

Es gab auch ein Leibinfanterieregiment, das einen Obristen, einen Obristleutnant, drei Majore, sieben Hauptleute, vier Premierlieutenants, zehn Sekondelieutenants zählte. Von diesen sechsundzwanzig Offizieren gehörten drei dem bürgerlichen Stande an.

Man darf sich unter dem alten Baden nicht das heutige vorstellen. Konstanz, Donaueschingen, Freiburg und der Breisgau, Offenburg, Heidelberg, Mannheim, Bruchsal gehörten nicht dazu. Die Hauptorte in der Markgrafschaft Baden-Baden waren Baden, Rastatt, Bühl; die Hauptorte der Markgrafschaft Baden-Durlach bis zur Gründung von Karlsruhe (1715) Pforzheim, im abgetrennten Süden Lörrach und Badenweiler.

Karl Friedrich *erster* Großherzog
† 1811

Erbprinz Karl † 1801 verh. mit Amalie von Hessen	Markgraf Friedrich	Markgraf Ludwig *dritter* Großherzog † 1830
Karl, *zweiter* Großherzog † 1818		
Kaspar Hauser?		

Karl Friedrich regierte von 1738 bis 1811; das Jahr 1803 brachte ihm die Kurfürstenwürde, das Jahr 1806 die Erhöhung zum Großherzog. Herr über 700 qkm zu Beginn, gebot er am Ende über 15 000, den modernen badischen Staat, der vom Bodensee bis zum Main reichte.

Schon unter dem Gesichtspunkt der Regierungsdauer und des Zuwachses eine auffällige Gestalt, verdient er auch als Mensch alles in allem eine lobende Beurteilung. An gutem Willen und an ernster Auffassung seines Berufes stand er hinter keinem der aufgeklärten Fürsten des Jahrhunderts zurück. Zu seinen Tugenden gehörten Sparsamkeit und Gewissenhaftigkeit.

Die physiokratische Schule, mit der die Geschichte der

Nationalökonomie beginnt, zählte ihn zu ihren Anhängern; er stand mit Mirabeau in Briefwechsel und lud Dupont nach Karlsruhe ein. Die Physiokraten hatten die Bedeutung der Landwirtschaft und des Bauern erkannt; Karl Friedrich beteiligte sich an der theoretischen Erörterung durch ein Abrégé des principes de l'économie politique. Er schaffte in seinen Ländern die Leibeigenschaft ab, Europa bewunderte ihn.

Guter Protestant, durch den Anfall der katholischen Markgrafschaft vor schwierige Probleme gestellt, tat er viel, um die Gegensätze auszugleichen. Er schickte junge Leute nach England zum Studium der Pferde, nach der Champagne und Burgund im Interesse des Weinbaus; die Aufzucht von spanischen Schafen, die Pflege der Wälder, die Förderung des Bergbaus, die Anlage des Botanischen Gartens in Karlsruhe seien erwähnt, weil sie auf den Charakter der Periode verweisen: von der Initiative des Landesherrn hing der Fortschritt ab.

Herder und Goethe kamen mit ihren Prinzen zu Besuch; die Schweizer Gessner und Lavater, der Elsässer Pfeffel, der berühmte Straßburger Historiker Schöpflin, der ebenso berühmte Weltreisende Forster, Klopstock und Voltaire, der seine Werke im markgräflichen Kehl drucken ließ, folgten Einladungen, und das im Zeichen der Duldsamkeit gegründete Karlsruhe war ein kultureller Mittelpunkt. Später trugen Weinbrenner, Hebel, Jung-Stilling zu seinem Rufe bei.

Der Vater hatte eine Schwägerin, der Sohn eine Tochter der hessischen Landgräfin geheiratet, die bei Goethe die Große heißt; und Goethes Fürst Karl August wiederum war mit einer Schwester der badischen Erbprinzessin verbunden. Auch bahnten sich in jener Zeit bereits die Beziehungen der Häuser Hessen-Darmstadt und Baden zu den Romanow an: eine dritte Tochter der großen Landgräfin, eine Schwester also von Amalie von Baden und Luise von Sachsen-Weimar, wurde die erste Frau des Sohnes Katharinas von Rußland, des Großfürsten Paul.

Dynastische Verwandtschaften verwirren den Leser leicht.

Von den bisher genannten Personen treten im Verlauf der Erzählung am stärksten hervor: Karl Friedrich, seine Schwiegertochter Amalie, sein Sohn Ludwig und sein Enkel Karl.

Als Karl Friedrich 1738 seinem Großvater auf dem Thron folgte, war er zehn Jahre alt. Dieser Großvater, Karl Wilhelm, gehörte zu den Vollnaturen des Barocks. Den Krieg hatte er sattsam kennengelernt, im Frieden oblag er dem edlen Waidwerk. Seine Leidenschaften waren Tulpen, exotische Tiere, bunte Vögel, die Liebe und das Bauen. Für sie alle fand sich ein sichtbarer Mittelpunkt, als er, Anno 1715, in den Forsten um Durlach einen Jagdturm errichtete, mit Gärten umgab und eigenhändig den Grundriß für die strahlenförmige Siedlung entwarf, die neue Residenz. Schloß und Stadt Karlsruhe entstanden so.

Amüsante Geschichten vom Treiben im Jagdturm liegen vor. Er enthielt Gemächer für eine Schar von jungen Nymphen, ein in Pandurenuniformen gestecktes Ballett; am Abend zog man die Treppen hoch, damit die Schönen sich nicht verflüchtigten. Übertreibung oder nicht, Serenissimus war ein bestechender Mann, der Blut in den Adern hatte und dem Dasein den Opernaspekt abgewann.

Sein Enkel und Nachfolger wandte sich, zum Vorteil des Landes, den bürgerlichen und Regentenpflichten zu; aber blutlos war auch er nicht, auch er hatte seine Sinnlichkeit. Eine hübsche Geschichte wird aus seiner Jugend erzählt: wie er, in der Rolle seines Adjutanten, das Herz eines jungen Fräuleins gewann und das Mädchen nicht widerstrebte, als das Inkognito sich lüftete. Eine der badischen Familien geht auf das Ergebnis dieses Bundes zurück; auch in anderen Fällen sorgte Karl Friedrich für die Nebenhernachkommenschaft.

Die Gemahlin starb 1783, während eines Aufenthaltes in Paris. Die erste Dame am Karlsruher Hof war nun die Erbprinzessin Amalie, eine sehr ehrgeizige und standesstolze Frau von neunundzwanzig Jahren. Sie übernahm die Honneurs und wartete auf den Tag, an dem sie selbst regierende Fürstin wurde. Als vier Jahre nach dem Tod der Gattin der Markgraf zu erkennen gab, daß er des Familienlebens entbehre und an eine zweite Ehe denke, stellte Amalie die naheliegenden Überlegungen an, wie man dem Markgrafen zu seinem Wunsch verhelfen könne, ohne daß ihre Vorzugsstellung bedroht werde. Der Ausweg war eine morganatische Ehe mit einer Dame aus nichtfürstlichem Stand.

Sie hatte bemerkt, daß der Markgraf für die Reize ihrer dunkelhaarigen, temperamentvollen dritten Hofdame nicht unempfindlich war, und griff ein. Fräulein Luise Geyer von Geyersberg zählte zwar erst neunzehn, der Markgraf schon neunundfünfzig; jedoch, solche Verbindungen ereigneten sich jeden Tag, und der Markgraf zum mindesten sah in der Jugend der ihm zugedachten Gefährtin eher einen Reiz als eine Unpassendheit.

Die Geyers führten eine Geige im Wappen, hießen ursprünglich Geiger und stammten aus Österreich; das Adelspatent ging auf 1595 zurück, der Zusatz von Geyersberg auf 1625. Einer der Nachfahren, der wohl als Protestant hatte auswandern müssen, nahm den Ausgleich der Namen vor, er diente als Oberst Geyer von Geyersberg im Thüringischen. Sein Sohn wiederum brachte es am Stuttgarter Hof zum Oberjägermeisteramt und setzte seinem Namen den Titel Freiherr voran, ohne nachweisliche Berechtigung.

Die Familie hatte keinen Besitz. Der Sohn des Württembergers, Heinrich, suchte Beschäftigung in Baden, wurde 1748 Hof- und Jagdjunker, später Hauptmann und Kammerherr. Seine Frau holte er aus dem Württembergischen, eine Gräfin Sponeck. Diese Familie war nicht alt; einer der Prinzen von Württemberg-Montbéliard hatte für eine seiner Geliebten die Standeserhöhung beim Kaiser durchgesetzt.

Ein Sohn des badischen Kammerherrn, Maximilian, trat 1770 als Page bei Karl Friedrich ein und wurde Lieutenant. Er ist der Bruder der Luise Geyer, die 1768 zur Welt kam. Karl

Friedrich und seine Gemahlin übernahmen bei der Taufe des Mädchens die Patenschaft; die Markgräfin ahnte nicht, daß sie ihre Nachfolgerin auf dem Arme hielt.

Der Vater Luises starb als Oberstlieutenant, seiner Witwe fehlte das Geld für ein würdiges Grabmal; die geborene Sponeck war verschwenderisch veranlagt und mittellos. Karl Friedrich hatte seine Not an ihr, die ihm mit Unterstützungsgesuchen im Ohre lag. Amalie sprang oft ein und sorgte auch dafür, daß die junge Luise zur Ausbildung nach Colmar kam. Pfeffel, der blinde Dichter, hatte seinem Institut für protestantische Adelssöhne, das unter dem Namen Militärakademie Ansehen genoß, eben eines für junge Damen hinzugefügt.

Hier also verbrachte Luise die Jahre 1783 und 1784; Pfeffel lobte ihre echt weiblichen Tugenden; jedoch Luise war zeitlebens nicht imstande, ohne Hilfe, meist des Bruders, einen einigermaßen wichtigen Brief zu schreiben. In Colmar-Logelbach erwarb sie sich ein wenig Firnis und die nötigen Umgangsformen; mehr verlangte die Zeit auch nicht.

Wieder in Karlsruhe, fand Luise als Ehrendame der Beschützerin Unterschlupf. Sie brachte durch ihre Jugend wohl etwas Farbe in die höfische Monotonie. Der Markgraf war in der Tat einsam. Sein zweiter Sohn, der schlaffe Friedrich, hatte noch nicht geheiratet; sein dritter Sohn, Ludwig, an dem er besonders hing, stand im Begriff, nach Berlin zu gehn und in der preußischen Armee Dienst zu nehmen.

Vehse, in seiner Geschichte der deutschen Höfe seit der Reformation, weiß zu berichten, Luise Geyer hätte, als sie heiratete, schon einen Geliebten gehabt, nämlich Ludwig, der verärgert oder angewidert vor seinem Vater das Feld geräumt habe. Es wäre nicht unmöglich, da Ludwig zu den Wüstlingen zählte; wahrscheinlicher ist, daß Vehse oder seine Gewährsleute zwei Daten verwechselten und vorwegnahmen, was Jahre später eingetreten zu sein scheint.

1809 notierte der französische Vertreter in Karlsruhe, Luise sei 1787 in einen jungen Offizier verliebt gewesen, habe ihn zu heiraten gehofft und der Erbprinzessin nur aus Ohnmacht nachgegeben. Es wird nicht erwähnt, wie die Mutter sich zu den Vorschlägen stellte; vermutlich sagte sie, es sei ein märchenhafter Glücksfall, und schaltete sich in die Verhandlungen ein.

Das Ergebnis war die sogenannte Versicherungsurkunde, die der Markgraf von seinen Söhnen Karl und Friedrich unterschreiben ließ; Ludwig war schon abgereist. Dieses Schriftstück ist der Ausgangspunkt des dramatischen Kampfes um einen Thron. Die Phasen sind die Kapitel unserer Erzählung.

Die Urkunde sah vor: der Markgraf reicht bei der Trauung seiner Braut nicht die rechte, sondern die linke Hand; die Braut wird Freiin von Hochberg (Hochberg war eines der markgräflichen Schlösser); Söhne aus der Ehe erhalten nicht den Rang von badischen Prinzen, sondern bleiben Freiherrn von Hochberg; aber sie sollen, wenn die Nachkommenschaft aus der ersten Ehe Karl Friedrichs ausstirbt, thronfolgefähig werden.

Amalie war es zufrieden; ihr Gatte, ihre Kinder und die beiden Brüder des Erbprinzen ließen es unwahrscheinlich erscheinen, daß der vorgesehene Fall eintrat. Die Akte wurde der neuen Freiin von Hochberg am 24. November 1787 vorgelesen; sie unterzeichnete ihrerseits einen eidlichen Revers, daß die Abmachungen für sie verbindlich seien. Alles war im Handumdrehen gegangen, wie der Minister von Edelsheim dem badischen Geschäftsträger nach Paris schrieb. Auf Wittwengut hatte der sparsame Markgraf sich nicht eingelassen. Von Sicherheiten zu sprechen, war noch nicht die Zeit; erst mußten Kinder kommen.

Der Markgraf verjüngte sich zwar, aber die Nachkommenschaft blieb vorerst aus. Karl Friedrich suchte abends um acht seine Privatgemächer auf und überließ die Empfangsräume, die Bälle und Réunionen der Schwiegertochter Amalie; Luise hatte also nicht viel von ihrer neuen Stellung, fand sich aber mit Geduld und Geschick zurecht. Sie begleitete den Gatten auf seinen Reisen und überließ es Amalie, im Salon zu glänzen, als 1789 die ersten französischen Emigranten in Karlsruhe Besuch machten: die Herzöge von Berry und Bourbon, die Prinzen von Condé und Enghien.

Eine neue, unruhige Zeit war, infolge der Pariser Ereignisse, für Karl Friedrich angebrochen und sollte noch ungeahnte Ausmaße annehmen. Erwähnen wir hier die Ehen, die Amalies Töchter eingingen. 1793 heiratete die eine mit vierzehn den Großfürsten Alexander, den späteren Kaiser; 1797 die zweite König Gustav von Schweden; im gleichen Jahr die dritte Herzog Max von Pfalz-Zweibrücken, den späteren Kurfürsten und König von Bayern; 1802 folgte die vierte, die Herzogin von Braunschweig-Oels wurde, und schließlich die jüngste, die sich mit dem Erbprinzen von Hessen-Darmstadt verband. Die älteste Tochter Amalie blieb unvermählt. Amalie konnte Genugtuung empfinden bei so aussichtsreichen Schwiegersöhnen.

Der erwähnte Vertreter von Frankreich deutete 1809 in seinen Mitteilungen über die zweite Frau Karl Friedrichs an, Luise habe, als ihre Ehe kinderlos blieb, nachgeholfen und sei endlich schwanger geworden. Aber die scharfen Augen und Ohren der Karlsruher Gesellschaft fanden damals noch nichts zu entdecken. Der 1790 geborene Leopold dürfte der legitime Sohn des Markgrafen gewesen sein.

Es folgten 1792 ein zweiter Sohn und 1795 eine Tochter, dazwischen ein dritter Sohn, der bald starb.

In den ersten Tagen des Jahres 1795 kehrte Ludwig unerwartet nach Karlsruhe zurück; er hatte den Abschied genommen, als Generalmajor, obwohl Preußen mit Frankreich noch im Kriege lag, der Friede von Basel noch nicht abgeschlossen war. Die Schulden, die er im Norden hinterließ, beliefen sich auf 300000 Gulden, und man mochte ihm nahegelegt haben, auszuscheiden.

Der Vater bezahlte die Schulden zwar vorerst nicht, nahm aber seinen Liebling mit offenen Armen auf und räumte ihm Einfluß auf seine Entscheidungen ein. Für Luise von Hochberg war es wichtig, sich mit dem neuen Ratgeber gut zu stellen. Ob kalte Überlegungen den Ausschlag gaben, ob eine alte Neigung und eine alte Beziehung aufgefrischt wurden – Tatsache war, daß die Karlsruher nun zu flüstern begannen. Als die Freiin im Dezember 1796 einen Sohn gebar, behaupteten manche, dieser Max stamme nicht vom Markgrafen, sondern von Ludwig; die Freiin habe Inzest begangen.

Sie näherte sich den Dreißig, Karl Friedrich den Siebzig; den General umwitterte der Hauch der Welt, die Freiin durfte sich gründlich gelangweilt haben, und noch immer war nichts geschehen, um ihre Zukunft zu sichern.

Ludwig soll sich später bei seinen wüsten Gelagen mit wahllosen Kumpanen seiner Erfolge bei seiner Stiefmutter gerühmt haben; daß er durch die Jahre ihre Partei nahm, oft gegen seine eigenen Interessen, unterliegt keinem Zweifel.

Sie hatte nicht viel vom Leben gehabt in einer wenig natürlichen Ehe, hielt sich nun schadlos, so gut es ging, und nahm die Entwicklung, die man bei Frauen oft beachten kann, wenn die Tage der Jugend entschwinden, die zur Intrigantin. Ludwig unterstützte sie in ihren Bemühungen um die eigene Standeserhöhung und die Gleichsetzung der Söhne mit den Stiefbrüdern aus der ersten Ehe des Markgrafen. Übrigens hatte Luise die Versicherungsurkunde von 1787 noch nicht unterschrieben. Diese Unterschrift wurde nachgeholt, und Karl Friedrich bestätigte in einem Testament vom Februar 1796 die Abmachung, wonach die Söhne der zweiten Frau thronfolgefähig sein sollten, wenn die der ersten ohne männliche Nachkommen ausstarben.

Was die Standeserhöhung betraf, so begann Karl Friedrich Verhandlungen mit dem Kaiser in Wien, um die badische Freiin zur Reichsgräfin zu machen. Nach dem Frieden von

Basel bekamen die Heere der französischen Republik, die man im Jahre von Valmy so unbesonnen zur Offensive herausgefordert hatte, Luft und schickten sich an, den Krieg gegen den Kaiser aufs rechte Rheinufer zu tragen.

Um den Markgrafen von Verbindungen mit den Franzosen abzuhalten, willigte der Kaiser ein, das Patent für die Reichsgräfin auszustellen: im Mai 1796. Schon im Juni besetzte Moreau Karlsruhe. Der Markgraf flüchtete mit der Freiin nach dem preußischen Ansbach, mußte aber den Freiherrn von Reitzenstein nach Paris schicken und Frieden schließen. Der Kaiser hielt das Patent zurück. Erst 1799, als er den Markgrafen wieder brauchte, gelangte das Schriftstück nach Karlsruhe. Luise und ihre Kinder waren nun Reichsgrafen: zweite Etappe eines langwierigen Weges, der sich recht eigentlich als roter Faden durch diese Geschichte zieht.

Die Höflichkeit half dem Kaiser nichts. Nach dem Sieg Bonapartes bei Marengo und dem Moreaus bei Hohenlinden, beide 1800, mußten Kaiser und Reich sich zum Frieden von Lunéville bequemen, durch den sie das linke Rheinufer an Frankreich abtraten, mit Aussicht auf Entschädigung für die verlorenen Gebiete zu Lasten der geistlichen Fürsten.

Auch Baden hatte linksrheinische Enklaven, Beinheim im Elsaß und etwa dreißig Dörfer im Luxemburgischen, die Grafschaft Sponheim. Wie die Dinge lagen, war ein erträgliches Verhältnis zu Frankreich für Baden wichtiger als das freundschaftliche zum Kaiser, dem Karl Friedrich gesinnungsmäßig zuneigte. Amalie haßte die aus der Französischen Revolution hervorgegangene Brut von ganzem Herzen, Vertreterin der alten Anschauungen, die der Erbe des Umsturzes, der Erste Konsul, hinwegfegte.

Kaum stand fest, daß der Klerus die Zeche zahlen mußte, hob in Paris eines der beschämendsten Kapitel der Habgier und der Erniedrigung an: jeder der deutschen Potentaten sandte Unterhändler, um zu retten oder zu ergattern, was zu haben war. Talleyrand, der diese Geschäfte versah, wurde ein reicher Mann. Er sagte sich, das Schicksal habe ihn zum Makler gemacht, und wer gewinnen wolle, solle zahlen.

Auch die Gräfin von Hochberg, die mit Mühe und Not vom Markgrafen die Domäne Bauschlott bei Pforzheim nicht einmal als Eigentum, sondern nur zur Nutznießung erhalten hatte, wandte sich an Talleyrand: sie wünschte die zu säkularisierende Abtei Gengenbach zu bekommen. Aber da sie nur mit unterwürfigen Schmeicheleien, nicht mit Dukaten werben konnte, ließ Talleyrand sie unbeachtet. Er gab Gengenbach dem Markgrafen ohne Bedingung.

Der Versuch beweist geringe Einsicht, läßt aber auch darauf schließen, daß die Gräfin in Bewegung geraten war. Die Zeitumstände weckten die Begehrlichkeit, den Wettlauf, die Berechnung. Langsam kam die Gräfin auch, situationsmäßig, in einen Gegensatz zu ihrer alten Gönnerin, Amalie.

Neid entspringt, wie der Witz und die meisten Affekte, dem Vergleich. Ein anderer hat mehr erreicht – man muß ihn einholen und womöglich überflügeln. Der Vorfall mit Talleyrand hatte der Gräfin gezeigt, wie wenig sie zu bedeuten hatte; Amalie hingegen, deren Kinder ihren Kindern im Wege standen, sah um diese Zeit, man schrieb 1801, ihre Tochter, die Gemahlin Alexanders, zur Zarin erhoben: eine Verschwörung hatte Paul, der so gut wie wahnsinnig und nicht viel mehr als eine unberechenbare Bestie war, hinweggeräumt.

Im Juni 1801 verließ Amalie mit Gatten und Sohn Karlsruhe, um die Höfe ihrer nordischen Schwiegersöhne, Sankt Petersburg und Stockholm, zu besuchen. Karl Friedrich willigte ein; auch in ihn, den rechtschaffenen Mann, war der Geist der Epoche gefahren, die Idee der Abrundung. Eine Gelegenheit wie diese kehrte so bald nicht wieder; selbst zur Zeit der Reformation hatte man nicht in solchem Umfang Kirchengut enteignet. Auch er hatte nun Wünsche, und der Schwiegervater des Zaren, des einzigen Monarchen, auf den Bonaparte Rücksicht nahm, war sein Sohn, der Erbprinz –

wenn der Zar ein Wort in Paris einlegte, konnte Baden noch mehr gewinnen.

Das erbprinzliche Paar befand sich im Dezember schon auf dem Heimweg, aber noch in der Gegend von Stockholm, als der im Galopp fahrende Schlitten umwarf und Amalies Gatte tödlich verunglückte. Die Reisegesellschaft kehrte nach Stockholm zurück.

2

Der Tod des Erbprinzen war ein einschneidendes Ereignis. Für Amalie bedeutete es das Ende des Ehrgeizes, Landesmutter zu werden. Die Bestrebungen der Gräfin Hochberg erhielten einen neuen Antrieb. Die Möglichkeit, daß ihr ältester Sohn Leopold eines Tages den Thron besteigen werde, hatte sich verstärkt.

Man konnte zwar nicht sagen, zwischen ihm und dem Thron stehe nur noch der neue Erbprinz; schied auch dieser aus, so hatten noch immer die zwei Brüder ihres verunglückten Gatten den Vorrang, Friedrich und Ludwig. Aber Friedrich war, wenn auch nun verheiratet, kinderlos, und Ludwig zog vor, Junggeselle zu bleiben.

Amalie, die der Aufforderung Karl Friedrichs, ihm den Thronerben zuzuführen, mit dem Hinweis auf die schlechte Jahreszeit begegnete, mag sich in den langen Stockholmer Monaten ihre Taktik zurechtgelegt haben. Wenn sie den Sohn fest in der Hand hielt, konnte sie, als Markgräfinmutter, ihre Stellung behaupten.

Karl Friedrich drängte, die Bildung des Fünfzehnjährigen sei vernachlässigt, er habe nicht einmal einen Erzieher bei sich; Amalie hatte es nicht eilig. Eine ihrer Damen, Karoline von Freystedt, hat Erinnerungen an sie hinterlassen, die so fürstentreu geschrieben sind, daß sie wenig hergeben; gelegentlich aber findet sich eine Bemerkung, die Licht auf die Situation wirft; so, wenn das Hoffräulein andeutet, daß Amalie die ersten Abenteuer des Erbprinzen eher begünstigt als bekämpft habe.

Korrupte junge Menschen sind leichter zu beeinflussen als selbständige, die ernsthaft streben. Schon nach ein paar Jahren bekundete und befolgte der Erbprinz dieselben Neigungen wie sein Oheim Ludwig – die gleiche Vorliebe für Gelage mit Stallknechten und Lakaien, für Ausschweifungen mit Kleinbürgermädchen und Dirnen. Onkel und Neffe sahen sich zum Verwechseln ähnlich durch ihr skandalöses Leben, und was von dem einen gilt, daß er nicht ohne gute Anlagen war, galt auch vom anderen.

Einem Machtwort Karl Friedrichs folgend, kehrte Amalie endlich zurück. Der Schwiegervater fuhr ihr entgegen und holte die Witwe mit der Ehrerbietung ein, die ihr zukam. Aber er war gereizt, nicht nur wegen ihres Ungehorsams, sondern auch, weil sie den Aufenthalt in Rußland keineswegs benutzt hatte, um seine Sache bei Alexander I. zu vertreten.

Um das Versäumnis nachzuholen, reiste Ludwig nach Sankt Petersburg zum Zaren und im Anschluß daran nach Paris zum Ersten Konsul, in der gleichen Angelegenheit. Ludwig, dem der Markgraf die reiche Abtei Salem am Bodensee, ein Beutestück aus dem Lunéviller Frieden, zugewiesen hatte, war seine rechte Hand, und Ludwig diente der Gräfin Hochberg. Diese beiden lenkten den Markgrafen, der nun im fünfundsiebzigsten Jahre stand und Anzeichen des Alters zu erkennen gab.

An sich war nichts dagegen einzuwenden, daß Ludwig dem Wunsch der Gräfin, ihre Söhne thronfähig zu sehen, nachhalf. Auch er mußte sich sagen, daß der Erbprinz ausfallen konnte und dann die für die Dynastie lebenswichtige Frage der Nachfolge aktuell wurde. Gleichwohl hätte er sich für die Wünsche der Gräfin schwerlich eingesetzt ohne die dunklen Beziehungen, die zwischen ihr und ihm bestanden. Es wäre natürlicher gewesen, wie Amalie legitimisch zu denken. Jedoch, er war ein Zyniker oder, positiv gesehen, an diesem Hof der freiste Kopf. Etwas mehr Selbstzucht, und er konnte in den schwierigen Zeitläufen in dem neuen Staatsgebilde eine bedeutende Rolle spielen.

Unter den Instruktionen, die er nach Paris mitnahm, war auch die, Bonaparte nahezulegen, er möge dafür sorgen, daß in die Abschlußverhandlungen beim Reichstag in Regensburg die Thronfolgefähigkeit der Hochbergsöhne aufgenommen werde. Bonaparte, der den Markgrafen von Baden, seinen nächsten deutschen Nachbarn, persönlich schätzte und ihn als einen nicht unwichtigen Stein auf dem politischen Schachbrett betrachtete, erwiderte, er wolle die Frage im Auge behalten, könne aber auch den Zaren nicht vor den Kopf stoßen. Der Zar hatte keinen Anlaß, die Gräfin Hochberg auf Kosten seiner hochlegitimistischen Schwiegermutter Amalie zu begünstigen.

Im April 1803 wurde Karl Friedrich die Erhöhung zum Kurfürsten zuteil, von Bonapartes Gnaden. Karl Friedrich verlieh dem jungen Enkel Karl den Titel Kurprinz, Amalie aber erfuhr einen doppelten Affront: sie mußte sich mit dem alten Titel Markgräfin begnügen, und eine Anweisung an die Kirche setzte fest, daß in den sonntäglichen Gebeten nur für den Kurfürsten und den Kurprinzen, nicht aber wie bisher auch für sie der Segen des Himmels zu erflehen sei.

Der Erbprinz ging zu seinem Großvater und erklärte, wenn die Mutter aus den Gebeten ausgeschlossen werde, wolle er auch nicht aufgenommen sein. Dem Kurfürsten gefiel diese Aufwallung, wie sie uns gefällt – Amalie kam in die Gebete.

Sie stand in Briefwechsel mit ihrer Tochter, der Zarin Elisabeth Alexejewna; in ihren Schreiben beginnen nun die geringschätzigen Bemerkungen über die Gräfin und auch die gereizten, als der Kurfürst einen Teil der beträchtlichen Schulden seiner zweiten Frau beglich. Die beiden Frauen standen gegeneinander, und jede hielt wohl die Position der Widersacherin für die schwächere, die eigene für die stärkere. Die der Gräfin verlangte die größere Geschmeidigkeit.

Wenn Karl Friedrich starb, hing alles, Stellung der Kinder und ihre Witwenapanage, davon ab, daß der Nachfolger,

Amalies Sohn, ihr nicht feindlich gesinnt war. Dafür konnte Ludwig sorgen, an den der Erbprinz sich eben anschloß, um bei diesem Lovelace Unterricht in den Genüssen des Lebens zu nehmen.

Wären alle diese Gestalten ausgeprägter, so ergäben sie das Personenverzeichnis eines Shakespearestücks. Es war nicht mehr Renaissancezeit; die Laster, die Egoismen, die Gefühle lebten sich nicht in heftigen Handlungen aus – zunächst noch nicht, erst das Kaspar-Hauser-Motiv setzt den einen starken Akzent.

Die Mündigkeit des Kurprinzen kam näher, mit ihr die Ausschau nach einer Braut. Amalie wußte so gut wie der jüngste Referendar, daß das nicht eine private, sondern eine das Staatsinteresse angehende Angelegenheit war und die Entscheidung dem Haupt der Dynastie zustand. Aber sie nahm die Sache selbst in die Hand, um sicher zu sein, daß die Schwiegertochter nicht ihrer Aufsicht entglitt.

Als der jetzige Kurfürst von Bayern ihr Schwiegersohn wurde, brachte er aus erster Ehe eine Tochter mit. Nach allem, was Amalie aus München im Lauf der Jahre gehört hatte, war diese Auguste, ein fünfzehnjähriges Mädchen, sanftmütig, lenksam, willig. Der Zufall wollte, daß der Kurfürst von Bayern mit seiner Gattin zum Besuch nach Karlsruhe kam; Besprechungen fanden statt, aber das erste Bedenken erhob Karl Friedrich. Als Lutheraner wünschte er nicht, daß der Thronfolger sich mit einer Katholikin verband.

Er machte aus dieser Auffassung im Familienkreis, vor der Gräfin und vor Ludwig, kein Hehl. Die Gräfin dürfte erwidert haben, so gut wie Amalies nach Rußland verheiratete Tochter orthodox geworden sei, könne die bayrische Prinzessin lutherisch werden; derlei Nützlichkeitserwägungen waren unter Fürsten wohlbekannt.

Die Gräfin hatte diesmal keinen Grund, Partei gegen Amalie zu nehmen; im Gegenteil, auch für sie konnte es nur vorteilhaft sein, wenn die künftige Kurprinzessin einen freundlichen Charakter besaß.

Als Amalie im Sommer des nächsten Jahres, 1804, dem Kurfürsten mitteilte, sie wolle ihre Tochter in Bayern besuchen, widersprach er nicht. In Nymphenburg erfuhr sie von Maximilian, als Bewerber um die Hand der jungen Auguste trete auch ein Habsburger Erzherzog auf. Amalie ließ sich nicht entmutigen, blieb lange und schied mit der Überzeugung, die Verlobung komme zustande.

Der Augenblick war für eine Besprechung mit Karl Friedrich in Familienangelegenheiten nicht günstig; die Mitteilung, daß Bonaparte sich zum Kaiser machen wolle, beschäftigte ihn wie seinen Ratgeber. Amalie lehnte den Emporkömmling ab; dieses Gefühl verwandelte sich in Haß und Abscheu, als wie ein Blitz aus heiterem Himmel die Schreckensnachricht kam, Bonaparte habe in Ettenheim (gegenüber von Straßburg, das Gebiet war jüngst Baden zugefallen) den jungen Herzog von Enghien – den sie kannte, hatte er doch vor zehn Jahren Gefallen an einer ihrer Töchter gefunden – verhaften lassen.

Auch für Karl Friedrich war es ein harter Schlag. Bonaparte hatte ihn, den Souverain eines neutralen Landes, vor den Kopf gestoßen, als er seine Husaren über den Rhein schickte, den Gefangenen in Vincennes sofort abrichten und erschießen ließ. Wie stand er da? Als ohnmächtiger Statist, der kein Wort sagen durfte, vielmehr dem neuen Kaiser kurz danach, im Mai, seine Glückwünsche übermitteln und eine Einladung zum Fürstenkongreß in Mainz annehmen mußte.

Der Kongreß fand im September statt; die Gräfin begleitete den Kurfürsten als Gemahlin und wurde dem Kaiser Napoleon vorgestellt. Sie hielt sich klug zurück und kehrte vor ihrem Gatten heim – überzeugt, daß sie nun bei Napoleon leichter zum Ziel kommen werde.

Der Kurfürst trug, nachdem sie abgereist war, ihre Wünsche dem Kaiser vor. Napoleon erwiderte, in Mainz finde er nicht die Zeit, sich damit zu beschäftigen, lud den Markgrafen Ludwig und den Kurprinzen Karl zu seiner Krönung im Dezember ein und versprach, bei dieser Gelegenheit zu überlegen, was in Regensburg zu unternehmen sei.

Auch der Kurprinz hatte den Großvater nach Mainz begleitet, zum Leidwesen der Mutter. Als Amalie durch ihn von der Einladung nach Paris erfuhr, beschloß sie, den Sohn nach Braunschweig zu schicken, so konnte er nicht in Paris sein. Unverständlich ist, daß der Kurfürst nicht begriff, daß er durch die Einwilligung in diese Reise eine Taktlosigkeit gegen den Kaiser und einen politischen Fehler beging.

Die Dinge wuchsen ihm über den Kopf. Die Gräfin hatte nach der Mainzer Reise gefunden, daß auch sie Anspruch auf eine Erhöhung habe – sie wollte nun Prinzessin oder Markgräfin sein, und diese Abmachung sollte mit der über die Thronfolge der Söhne in Regensburg vom Reichstag anerkannt werden.

Karl Friedrich stimmte auch diesem Vorschlag bei, der in seinen Augen und denen eines unbefangenen Beurteilers sich vertreten ließ. Reitzenstein aber, der das dem Kaiser zu überreichende Memorandum vorbereitete, lehnte ab, es mit dieser zusätzlichen Forderung zu belasten. Daraufhin wandte sich auch Ludwig für dieses Mal gegen die Gräfin.

Im Karlsruher Schloß griff eine gereizte Stimmung um sich, die an den Nerven des alten Karl Friedrich zerrte. Von seinen Beamten waren die einen österreichisch, die andern französisch gesinnt, einen neutralen Kurs konnte er nicht steuern. Zum Überfluß brachte Amalie nun auch die bayerische Verlobung zur Sprache, und Ludwig legte dem Vater eine Dotation zu Gunsten der Hochbergkinder vor, die Amalie zu Ohren kam, weil ihr Sohn von Ludwig gezwungen wurde, sie zu unterzeichnen.

Diese Häufung von Entscheidungen, die Intrigen der Parteien waren zuviel für den Kurfürsten, er erlitt einen Schlaganfall. Doch erholte er sich nach wenigen Tagen. Der Kurprinz reiste nach Braunschweig ab, und Amalie konnte nach Bayern mitteilen, der Kurfürst willige in die Verlobung Karls mit Auguste ein.

Was kommen mußte, kam. Der französische Geschäftsträger machte darauf aufmerksam, daß der Kaiser die Abwesenheit des Kurprinzen schlecht aufnehmen werde. Diesem wurde eine Stafette nachgeschickt; der junge Mann kehrte zurück und begleitete Ludwig nach Paris, zum Krönungsfest in Notre Dame.

Am Vorabend, es war der 1. Dezember 1804, empfing Napoleon die beiden badischen Prinzen. Ludwig legte die Vorteile dar, die sich aus der Anerkennung der Hochberg-söhne für Frankreich ergäben: die Dankbarkeit werde sie zu Anhängern Frankreichs machen. »Schön, ich warte auf Ihr Memorandum und werde es lesen«, erwiderte Napoleon. Die Festlichkeiten verzögerten die Überreichung der Denkschrift bis zum 25. Dezember; Ludwig brachte sie in die Abschiedsaudienz mit. Zwei Tage später wurde er unvermutet in die Tuilerien bestellt und vernahm, den Kaiser beschäftige eine Angelegenheit, die mit dem Haus Baden zusammenhänge. Er erkundigte sich, ob die Verlobung des Kurprinzen mit der Tochter des bayrischen Kurfürsten schon offiziell sei; wenn nicht, bitte er Karl Friedrich, von dieser Verbindung abzusehen; er habe ein Interesse daran, für den jungen Karl finde man unschwer eine andere Braut.

Mehr erfuhr Ludwig nicht. Napoleon hatte überlegt, daß es im nächsten Jahr zum Krieg mit Österreich kommen könne – um Bayern an sich zu fesseln, faßte er eine Verbindung der Prinzessin Auguste mit seinem Stiefsohn, dem Sohn Josephines, dem Vicomte Eugène de Beauharnais, ins Auge. In Sachen der Hochbergsöhne war er zur Vorsicht entschlossen. Alexander von Rußland stand in dieser Frage auf der Seite seiner Schwiegermutter Amalie und würde in Regensburg Schwierigkeiten machen lassen, vermutlich durch Preußen.

Man sieht, die Aussichten der Gräfin Hochberg hingen völlig von der hohen Politik ab. In Karlsruhe geriet Karl Friedrich in Verlegenheit; es war nicht so einfach, in München zu erkennen zu geben, daß man plötzlich kein Interesse mehr hatte. Die Gräfin überlegte. Sie hatte nichts gegen die Verlobung gehabt; aber wenn sie Napoleon mißfiel, verlangte ihr Interesse, sich nach seinen Wünschen zu richten. Damit Karl Friedrich das Gesicht wahren konnte, war es am besten, wenn die bayrische Seite den Rücktritt erklärte. Dazu wiederum war ein Wink Napoleons nötig.

Ludwig setzte das in einem Brief dem neuen Vertreter Badens in Paris, dem Freiherrn Emmerich von Dalberg, auseinander. Dieser Dalberg war der Sohn von Schillers Intendanten und der Bruder des letzten Kurfürsten von Mainz, des Erzkanzlers; er wurde später Franzose, Napoleon machte ihn zum Herzog.

Napoleon ließ den Wink in München nicht erteilen; Karl Friedrich ging zur hinschleppenden Behandlung der Heiratsfrage über und erreichte dadurch, daß der Kurfürst von Bayern im Jahre 1805 mehrmals sein Erstaunen ausdrückte. Aus Paris kam Monsieur de Thiard nach Baden, um Karl Friedrich anzuspornen, tat sich mit Ludwig und der Gräfin in Schloß Favorite bei Baden-Baden zusammen und setzte durch, daß der entscheidende Brief nach München ging.

Kurfürst Maximilian war es zufrieden. Inzwischen hatte Napoleon sich in Mailand zum König von Italien krönen lassen und Eugène Beauharnais als Vizekönig eingesetzt. Der Vizekönig, nunmehr auch Prinz von Frankreich und von Napoleon adoptiert, verlobte sich mit Auguste von Bayern; es wurde sogar eine glückliche Ehe daraus, die Eugène erlaubte, nach dem Sturz seines Vaters in Bayern zu bleiben, als Herzog von Leuchtenberg und Fürst von Eichstätt.

Napoleon rüstete zum Krieg gegen Österreich. Thiard legte Karl Friedrich einen Bündnisvertrag vor, der Baden verpflichtete, dreitausend Mann zu stellen; der Kurfürst unterschrieb notgedrungen, am 5. September 1805. Am 28. fuhren Ludwig und der Kurprinz nach Straßburg, um den Kaiser, der sich zum Kriegsschauplatz begab, zu begrüßen. Schon hier lud Napoleon den Kurprinzen ein, den Feldzug in seiner Umgebung mitzumachen.

Er wiederholte die Aufforderung in Ettlingen, wo er übernachtete; der Kurfürst hatte sich mit der Gräfin und dem Enkel eingestellt, Amalie aber die kleine Reise zum »Usurpator« abgelehnt. Als Napoleon bei Ulm gesiegt und den Österreichern München wieder abgenommen hatte, fuhr Kaiserin Josephine nach Bayern, zur Hochzeit des Sohnes mit Auguste, und machte in Karlsruhe Station. Amalie war die Steifheit oder der Hochmut selbst, schon beim Empfang, da sie dem Gast nur bis zur ersten Stufe der Treppe entgegenging.

Nach dem Sieg Napoleons bei Austerlitz, am Jahrestag der Krönung, schickte Karl Friedrich seine Glückwünsche durch Reitzenstein; der Kaiser empfing ihn erst nach einigen Tagen und schnitt den Versuch, Baden den ganzen österreichischen Breisgau zu sichern, kurz ab. Karl Friedrich erhielt den halben Breisgau mit Freiburg, ferner Konstanz und die Ortenau, erfuhr aber keine Rangerhöhung wie die Herrscher von Bayern und Württemberg, denen die Königskrone zugesprochen wurde. Er fühlte sich zurückgesetzt und litt darunter.

Man hat vermutet, sein ungeschicktes Verhalten und mehr noch das Amalies habe die Entscheidung beeinflußt. Wahrscheinlicher ist, daß Napoleon überlegte, daß Baden, im Unterschied zu Bayern und Württemberg, die geschlossene Gebilde waren, sich zum Staat erst heranformte; er besaß auch schon genaue Berichte über die mehr als schwierige, die katastrophale Finanzlage. In Baden war alles noch zu ordnen; der Mann, der sich mit den Organisationsedikten beschäftigte, Friedrich Brauer, benötigte Zeit.

Nachdem er seinen Mißmut zu verstehen gegeben hatte,

lenkte Napoleon ein und bekundete die Absicht, die Häuser Bonaparte und Zähringen durch eine Heirat zu verbinden. Der Kurprinz oder sein Vertreter hatten die Wahl zwischen zwei Verwandten Josephines: ihrer Kusine Stephanie Tascher, die mit einem Arenberg verheiratet war, aber die Ehe verweigerte, und der Gräfin Stephanie Beauharnais, Tochter einer Kusine des ersten Gatten der Kaiserin, einem sechzehnjährigen Mädchen, das noch im Erziehungspensionat weilte.

Die Eröffnung erfolgte in Karlsruhe noch vor dem Preßburger Frieden, und Thiard betonte ausdrücklich, die Mitgift der Braut sei der Breisgau. Auch stellte er die Begleichung der alten Schulden des Markgrafen Ludwig und der neuen der Gräfin Hochberg in Aussicht.

Durch die bayrische Heirat traten die Beauharnais in den Kreis der souveränen Fürsten ein, Stephanie Beauharnais war vorzuziehn. Die einzige Bedingung, die Karl Friedrich machte, betraf die protestantische Taufe der zu erwartenden Kinder; Napoleon ging darauf ein.

Amalie aber verweigerte die Zustimmung und tobte, als Karl Friedrich entschied, daß ihr Sohn dem aus Wien zurückkehrenden Kaiser bis Augsburg entgegenzufahren habe. Amalie berichtete der Zarin über den Auftritt, den sie mit dem jungen Karl hatte. Er erklärte, diesmal nicht gehorchen zu wollen, es sei der Ruin des Landes. Die Mutter drohte mit ihrem Fluch; er bot den Verzicht auf den Thron an – zu Gunsten der Hochbergs. »Nein, nie werde ich diese Nacht vergessen«, schrieb Amalie.

Sie ließ ihn nach Augsburg ziehn, wo er dem Kaiser seine Ergebenheit ausdrückte und nur bat, für die Zustimmung der Mutter zu sorgen. Dann kehrte er zurück; Napoleon und Josephine trafen ein paar Stunden nach ihm ein.

Auf Verlangen des Kaisers wurden zu den zwei Mahlzeiten die Gräfin und ihre ältesten Söhne hinzugezogen; Amalie gab vergebens zu bedenken, weder Mutter noch Kinder hätten einen Rang bei Hof. Der zweite Sohn der Gräfin, Wilhelm, berichtet in seinen Denkwürdigkeiten über die Vorgänge, deren Zeuge er war.

Der Kaiser wandte sich in der Unterhaltung an Amalie: er hoffe bei seinem nächsten Feldzug den Kurprinzen an seiner Seite zu sehn. Amalie verstand, der Feldzug würde sich vermutlich gegen den russischen Schwiegersohn, den Verbündeten Österreichs bei Austerlitz richten; man zeigte ihr, wessen Wille hier galt.

Nachdem dies feststand, machte der Kaiser der Markgräfin am nächsten Morgen einen Besuch in ihren Gemächern und hatte eine Unterredung von zwei Stunden, bei der Prinz Karl zugegen war. Der ungefähre Gang der Unterredung ergibt sich aus den Erinnerungen des Fräuleins von Freystedt und dem Band V der Politischen Korrespondenz Karl Friedrichs. Der Kaiser begann mit der Frage, weshalb die Markgräfin allein in der badischen Familie ihm so heftig widerstrebe.

»Ich bin eine deutsche Prinzessin; Euer Majestät könnte eine Fürstin nicht achten, die gegen die Ehre und das Nationalgefühl verstieße.«

Sie erwähnte auch das geringe Wohlwollen, das Napoleon ihrem hessischen Schwiegersohn entgegenbringe. Er widersprach; der Landgraf von Hessen dürfe gleichfalls mit einer Erhöhung rechnen. In der Tat, Hessen-Darmstadt wurde im Sommer dieses neuen Jahres 1806 Großherzogtum.

Im weiteren Verlauf beging Amalie eine Unvorsichtigkeit: »Wenn das Fräulein von Beauharnais wenigstens von Ihrem Blut wäre, Sire, wenn sie Ihre Tochter wäre.«

»Das soll kein Hindernis sein; ich mache sie zur Fille de France, ich adoptiere sie wie ihren Vetter Eugène, ich verleihe ihr den Rang einer Kaiserlichen Prinzessin.«

Amalie hat ihre Sache verloren. Napoleon erklärte, er wünsche Antwort bis zum Abend, und ging.

Karl warf sich seiner Mutter zu Füßen und flehte sie mit erhobenen Armen an, an die Interessen des Landes zu denken. Amalie gab nach. Der Kurprinz kann auf Grund eines Porträts von 1811 als schöner, keineswegs unenergischer Mann angesprochen werden; aber die Züge verraten zuviel Hochmut und verächtliches Mißtrauen.

Bei seinen Verhandlungen über seine Heirat zeigte er mehr Blick als die Mutter; im übrigen legte er kein Interesse für die zugedachte Braut an den Tag und fragte nicht einmal nach einer Miniatur mit ihrem Bild. Betrachtungen darüber, wie wenig die Stellung eines Prinzen die Stärkung des Charakters begünstigte, sind müßig; die meisten aus dieser Klasse waren Produkte des Milieus.

Die Gräfin Hochberg sah durch den Besuch des Kaisers ihre Angelegenheit in nichts gefördert. Napoleon stellte sich taub, und auch seine Meinung über Ludwig war erschüttert worden, durch Berichte der Agenten. Karl Friedrich in seiner zunehmenden Schwäche hatte dem Sohn nicht nur die Leitung der militärischen Angelegenheiten, sondern auch der finanziellen überlassen und Ludwig die Gelder verschleudert. Der Kaiser erklärte diesem mit dürren Worten, er tue gut, sich von den Staatsgeschäften zurückzuziehen. Die Schuldenregelung unterblieb.

Napoleon und Josephine verließen Karlsruhe am 22. Januar. Karl Friedrich schickte den Freiherrn von Reitzenstein und den Freiherrn von Geusau nach Paris, um den Heiratsvertrag zu regeln. Dem kurprinzlichen Paar wurde darin das Mannheimer Schloß als Residenz überwiesen. Die Kurpfalz war, wie der rechtsrheinische Teil des Bistums Speyer mit Bruchsal, 1803 an Baden gefallen.

Der Kurprinz traf am 2. März in Paris ein. Am 3. adoptierte der Kaiser Stephanie, wobei er sich über die Bestimmungen seines eigenen Code Civil hinwegsetzte; weder war er fünfzig, noch Stephanie mündig. Der wirkliche Vater Stephanies, Graf Claude Beauharnais, lebte übrigens noch. Am 4. März teilte eine Botschaft dem Senat die Adoption mit.

3

»Als Markgraf war ich reich und Herr, jetzt als Kurfürst bin ich arm und ohnmächtig«, klagte Karl Friedrich einmal. Wenn man will, bestand seine Tragik darin, daß die Jugend- und Mannesjahre in gesicherte Zeiten, die des höheren Alters hingegen in eine des wahrhaft revolutionären Umbruchs fielen. Der Erwerb der Kurpfalz und so vieler anderer Gebiete bedeutete auch eine Belastung, da der neue Staat ihre Schulden übernahm. Und nicht nur das, die Einrichtung der Verwaltung erfolgte unter Gesichtspunkten, die es bis dahin noch nicht gegeben hatte; die patriarchalische Ära war vorbei.

»Noch floß alles, was Hof und Staat hieß, ineinander; alle Bedürfnisse wurden aus einer Kasse bezahlt, die Schneiderrechnungen der Fürstlichkeiten wie die Kosten für die Armenhäuser. Noch dachte man nicht an die Aufstellung eines Etats für die einzelnen Zweige der Verwaltung. Waren die Ausgaben größer als erwartet, so wurde das Geld geholt, das gerade irgendwoher einfloß, und mancher Holzhieb und mancher Verkauf eines Domänengrundstücks mußte irgendwelche private höfische Ansprüche decken.«[1]

Amalie bezog eine Witwenpension von 30000 Gulden, die Apanage der Gräfin Hochberg war erst vor ein paar Jahren von 3500 auf etwa 12000 erhöht worden. Die Gräfin kam damit nicht aus, sie machte weiter Schulden und ließ sich auf unglückliche Fabrikspekulationen ein. Nach einer Mitteilung vom Frühjahr 1806 betrug die Schuldenlast 600000 Gulden. Napoleon, der Amalie seine Gunst beweisen wollte, veranlaßte Karl Friedrich, ihre Bezüge zu vervierfachen.

[1] R. G. Haebler: Ein Staat wird aufgebaut. 1948.

Wenn die Angabe, die Einkünfte des Großherzogtums hätten 2 200 000 Gulden betragen, richtig ist, ergibt sich ein groteskes Mißverhältnis – fast ein Achtzehntel der Staatseinnahmen floß Amalie zu.

Reitzenstein in Paris machte sich Sorgen über die Lage daheim und riet dem jungen Karl, bei seinem Schwiegervater Napoleon auf neue Landerwerbungen zu drängen – irgendwo im Reich, man konnte später tauschen. Karl suchte zu begreifen; zunächst war er von den Eindrücken betäubt. Die Pariser betrachteten mit offenen Mündern und ironischen Augen seine altmodische Kleidung, seine unmögliche Frisur. Die junge Braut fand ihn erst erträglich, als er sich in Behandlung durch Schneider und Coiffeure begab.

Aber es erging ihr selbst ähnlich wie ihm, alles war ihr neu, die Wendung in ihrem Schicksal geradezu atemraubend. In der Pension, wo sie als ungezähmter Backfisch, als eine Art Eulenspiegel galt, und vorher in den Jahren des Schreckens herumgestoßen, hatte sie sich nicht träumen lassen, daß ihr Persönchen ein Gegenstand der hohen Politik werden könne.

Seit ein paar Wochen in den Tuilerien, forderte sie durch ihr naives Benehmen den Tadel der Damen Pauline und Karoline, der Schwestern des Kaisers, heraus; der Kaiser lachte und zog sie auf sein Knie. Er setzte fest, daß sie, als Kaiserliche Hoheit, bei der Hochzeit den Vorrang vor allen Prinzessinnen seines Hauses habe, sogar vor der mit Louis Bonaparte verheirateten Hortense, die im Begriff war, Königin von Holland zu werden.

Die ganze Familie Bonaparte oder zum mindesten ihre weiblichen Mitglieder waren gegen Stephanie; sie atmete die mit Mißgunst, Neid und Egoismen geschwängerte Hofluft in diesen ersten jungen Tagen ein. Sie starb erst 1860, und alles in allem muß man sagen, daß sie ein korrektes Leben führte.

»Als ich zum ersten Mal den Prinzen sah«, schreibt die Herzogin von Abrantès in ihren Memoiren, »richtete ich unwillkürlich die Augen auf die reizende Person, die nun ihm gehören sollte, und war noch mehr von ihr bezaubert. Fürstenlos – das zarte, liebliche Mädchen hätte eine so hübsche Braut abgegeben. Sie lächelte wohl bei den Festen, die man dem armen Opfer gab, aber es war ein trauriges Lächeln, wie konnte es auch anders sein?«

Es gab Beobachter, die erklärten, der Kaiser benehme sich mit Stephanie zu vertraut, und andere, die verbreiteten, er stehe mit ihr ganz einfach eindeutig intim. Tatsache ist nur, daß Josephine nervös wurde, den Ton zwischen Adoptivvater und Tochter ungebührlich fand.

Inzwischen bearbeitete Reitzenstein den Kurprinzen: es müsse etwas geschehen, um Baden zu Geld zu verhelfen. Er dachte an das neue Herzogtum Berg, und Karl fragte Napoleon, ob sein Großvater es haben könne, doch war es schon an Murat vergeben. Reitzenstein faßte nun das Bistum Basel ins Auge und forderte das Doppelte, um die Hälfte zu erhalten. Diesmal weigerte sich Karl, wiederum vorstellig zu werden; es fehlte ihm nicht an Urteil.

Andererseits versagte er, als Reitzenstein ihn mit intellektuellen Kreisen in Verbindung bringen wollte, insbesondere mit dem Vicomte Denon, dem Generaldirektor der Museen und Leiter des Louvre, dessen große Zeit gekommen war – die aus allen Ländern geraubten Kunstschätze flossen in ihm zusammen. Karl hatte keine künstlerischen oder geistigen Interessen, die spätere Blasiertheit oder Apathie kündigte sich schon an. Stephanie war regsamer; sie unterrichtete sich über die badische Geschichte, Entwicklung und Zustände.

Ihre Mitgift betrug anderthalb Millionen. Die Ziviltrauung fand am 7. April in den Tuilerien, die kirchliche am 8. in der Kapelle des päpstlichen Legaten statt. Von der Familie des Bräutigams war niemand eingeladen; der Vater der Braut, Graf Beauharnais, befand sich unter den Zuschauern. Der Kaiser trug den badischen Orden der Treue, die Kaiserin ihren Schmuck, den man auf eine Million schätzte. Sie wohnte auch dem Deshabillé der Braut bei.

Masson, der Spezialist für Bonapartica, berichtete, Stephanie habe geweint, eine Freundin ins Schlafzimmer mitnehmen wollen und die Tür abgeschlossen – das hätte sich in Paris, in Malmaison, zwei Monate lang wiederholt und der junge Ehemann die Nächte im Fauteuil des Vorzimmers zugebracht. Bapst bemerkt dazu, daß Napoleon diesem Zustand schon am zweiten Tag kategorisch ein Ende gemacht haben würde. Masson nimmt voraus, was viel später in Mannheim geschah, oder verwechselt Stephanie Beauharnais mit Stephanie Tascher.

In den Ehevertrag war eine Bestimmung über das Thronfolgerecht aufgenommen worden; Karl Friedrich und die Gräfin stellten es mit Bestürzung fest. Die Gräfin faßte sich zuerst. Der Gatte sei ihr eine Genugtuung schuldig, erklärte sie, und meinte die Zahlung ihrer Passiva in Höhe von 600000 Gulden. Der Kurfürst wies den neugebildeten Finanzrat an, sie zu begleichen, und da trotz jenes deutlichen Winkes des Kaisers noch immer Ludwig an der Spitze des Finanzrates stand, gab dieser die Weisung an die Kasse weiter. Aber die Kasse war leer, und es mußte noch Staatsbesitz verkauft werden – Ludwig stand auch dem Forstwesen vor.

Der Geschäftsführer berichtete darüber nach Paris; Dalberg, der badische Gesandte, dem die Anwesenheit Reitzensteins ein Dorn im Auge war, ließ sich seinerseits Einzelheiten aus Baden mitteilen und gab sie an Talleyrand weiter. Der Kaiser beschloß zu donnern, über Karl Friedrich zog sich ein Unwetter zusammen.

Napoleon erklärte, von der Thronfolge könne erst die Rede sein, wenn er Garantien für eine Neuregelung der badischen Finanzen habe; die Angaben der Gräfin über ihre Schulden erschienen ihm zu hoch; der Kurfürst werde von allen Seiten betrogen und bestohlen; Markgraf Ludwig habe zu erscheinen, um Rechenschaft abzulegen.

Als Reitzenstein diese Entscheidungen an die Gräfin weitergeleitet hatte, erlitt der Kurfürst einen neuen Zusammenbruch. Die Gräfin behielt ihre Geistesgegenwart; sie bewog Karl Friedrich, Ludwig sofort von der Leitung der Finanzen und des Forstwesens zu entheben. An Napoleon ging ein unterwürfiger Brief, von der Gräfin verfaßt; an den Kurprinzen ein anderer, dessen Absender Ludwig war. Um der fatalen Reise nach Paris zu entgehn, bat er den Neffen, sein Fürsprecher beim Kaiser zu sein, und sagte, es demütige ihn tief, daß »ich angesehen werde, als ob ich die Partei von der Gräfin nehme, da Du doch oft mich hast gegen sie handeln gesehn und Zeuge warst, wie sie mich behandelte«. In der Bedrängnis rücken Bundesgenossen voneinander ab.

Der Kaiser nahm die Amtsniederlegung des Markgrafen Ludwig und den Brief der Gräfin gnädig auf, verlieh Ludwig den ersehnten Großkordon der Ehrenlegion, nicht aber dem Kurfürsten die noch stärker begehrte Königswürde, sondern nur den Rang eines Großherzogs mit dem Prädikat Königliche Hoheit, als er, im Juli dieses Jahres 1806, in Paris den Rheinbund gründete. Auch der Kurprinz, nunmehr Erbgroßherzog, erhielt das Prädikat. Amalie hingegen blieb, was sie war, Markgräfin, und Luise von Hochberg sah sich mit ihren Kindern wiederum übergangen. Stephanie kam die Anrede Kaiserliche Hoheit zu; sie verzichtete darauf nach den Ereignissen von 1813.

Auf eine Vergrößerung des badischen Gebietes war Napoleon nicht eingegangen, obwohl auch Stephanie sich nun darum bemüht und beim Studium der badischen Karte das treffliche Bonmot gefunden hatte, das schmale Land habe eine schöne Taille, aber kein fülliges Fleisch. Das Ziel war erreicht, das seit den Tagen Heinrichs IV. die französische Außenpolitik bestimmte: das Haus Habsburg zurückzudrängen und eine straffe Organisation des deutschen Reiches zu verhindern.

Franz von Österreich beantwortete die Gründung des Rheinbundes damit, daß er die Kaiserkrone niederlegte; die deutschen Fürsten, stark zusammengeschmolzen, aber immer noch drei Dutzend, wurden souverän, und Frankreich, dessen Grenze den Rhein entlang verlief, von Basel bis zur Mündung, konnte sich sicher fühlen, Mitteleuropa war ein französisches Protektorat.

Das erbgroßherzogliche Paar fuhr Ende Juni nach Hause; auch Reitzenstein beendete seine Mission. Als er in der Abschiedsaudienz noch einmal die Thronfolgefrage anschnitt, erwiderte Napoleon, dem voll souveränen Großherzog Karl Friedrich stehe es frei, sein Hausgesetz selbst zu erlassen und die Rechte der Söhne aus zweiter Ehe durch ein Edikt zu ordnen.

Das geschah auch, im September, und die langen Bemühungen schienen ganz von selbst zum Abschluß gelangt zu sein. Jedoch, das Edikt war nicht mehr als eine hausrechtliche Regelung, dem die Anerkennung durch die auswärtigen Mächte, vor allem die der Nachbarn, fehlte.

Bayern hatte den Verlust der Kurpfalz nicht verschmerzt, und Württemberg empfand Mißbehagen über die Tatsache, daß der badische Besitz nun am Bodensee bis Meersburg, auf dem Schwarzwald bis Villingen, am Main bis Wertheim reichte. Starb die Nachkommenschaft Karl Friedrichs aus dem ersten Bett aus, so konnte man sicher sein, daß jene beiden Königreiche Ansprüche erhoben, Schwierigkeiten machten, die Erbfähigkeit der Nachkommen aus dem zweiten Bett des Großherzogs beanstandeten. Das Hausedikt war nichts als eine Etappe.

Der Großherzog und die Gräfin wußten das sehr wohl, und ihre Bemühungen gingen weiter. Immer wieder konnte ja, da der Kaiser für Kriege sorgte, ein Friedensschluß oder ein Kongreß oder eine Neuordnung fällig werden, in die sich ein Hochbergpassus aufnehmen ließ. Die Gräfin war eine zähe Frau mit einer typischen Verachtung für die Bedenken der Männer, der Formalisten, der Instanzenleute. Napoleon sollte noch eine Reihe Briefe von ihr bekommen.

Ludwig wiederum war zwar politisch in den Hintergrund

getreten, behielt aber seinen Einfluß in allen Ämtern. Er besaß ein gewisses Format, man konnte ihn nicht übersehen, mit dreiundvierzig stand er im besten Rouéalter. Bürgerliche Anschauungen langweilten ihn, die Ehe war ihm lästig; man vergnügte sich viel besser in den unteren Kreisen.

Karlsruhe mochte, als es Hauptstadt eines Großherzogtums wurde, vier- bis fünftausend Einwohner zählen, es sah sich nun vor die Aufgabe gestellt, Wohnhäuser »für reiche Particuliers«, Verwaltungsgebäude, Kirchen, Paläste, Schulen, Schlachthöfe, Prunkbauten zu errichten, und fand in Weinbrenner auch den Mann, der mit Eifer nicht nur an die Aufstellung eines Bebauungsplanes, sondern auch an die Ausführung ging. Die Stadt stand voller Gerüste; eine Art Amerikanismus kam über sie, wie zwanzig Jahre später über Baden-Baden.

Die Bevölkerung setzte sich aus Beamten, Hofchargen, Geschäftsleuten, Offizieren, Gastwirten, Lakaien, einigen diplomatischen Vertretungen zusammen: alles in allem nicht mehr als eine bescheidene Siedlung ohne Großstadtzüge – nur wenige Künstler und, entsprechend, Bohememilieus. Hochschulen gab es noch nicht. Ein Mann wie Ludwig, der sich aus edleren Genüssen nichts machte, war auf grobe Vergnügen angewiesen. In dieser Hinsicht empfand der junge Karl wie der Onkel. Karl hatte einen Kammerdiener Weiß, der in den Jahren vor der Heirat mit Stephanie ihm willige Gefährtinnen besorgte.

Daß aus Karl nichts wurde, darf man auf den Einfluß des etwas robusten Mephisto Ludwig zurückführen, der sich im Weltlichen schadlos hielt, während sein Vater, der Großherzog, Trost in der Altersmystik suchte. 1806 bot er Wohnung in Karlsruhe, Pension und den Geheimratstitel dem Staroperateur Jung-Stilling an, der sich in der Theorie der Geisterkunde so gut auskannte und seit der Veröffentlichung des ersten, berühmten Teiles seiner Biographie keine Entwicklung gehabt hatte – immer dieselbe Tiefsinnigkeit, derselbe Sentimentalismus. In die Gesellschaft dieses Theosophen flüchtete der Großherzog vor den Rauheiten der Politik während seiner letzten Jahre.

Die badische Bevölkerung begrüßte die junge Thronfolgerin sehr lebhaft, Karl Friedrich freundlich, wenn auch nur in seinen Gemächern, da er noch immer an den Folgen des Zusammenbruchs litt; Amalie hatte sich dem Empfang der Schwiegertochter entzogen, durch eine Reise nach Hessen zu ihrer Tochter. Von da ging sie auf einen Besitz, den sie bei Mannheim hatte, und hier sollte Stephanie ihre Aufwartung machen, sobald sie nach Mannheim übergesiedelt war.

Durch diese Rechnung zog Napoleon einen Strich; er schrieb genau vor, was zu geschehen habe. Die Markgräfin hatte sich in Mannheim einzufinden, und Stephanie, die auf der ersten Treppenstufe auf sie wartete, durfte ihr nicht bis zum Wagenschlag entgegengehn. Die Schwiegermutter eines Zaren, zweier Könige, eines Großherzogs und eines Herzogs war an dieser Demütigung selber schuld. Eine neue ereignete sich nach der Rückkehr aller in die Hauptstadt.

Bisher hatte Amalie die Verfügung über die Kronjuwelen gehabt, jetzt sprach Karl Friedrich sie Stephanie zu. Und er verfügte, daß für Amalie der Augenblick gekommen sei, ihre Räume im Karlsruher Schloß aufzugeben; das für sie bestimmte Palais, an dem Weinbrenner seit 1802 baute, war fertig, auch verfügte sie über andere Unterkünfte. Amalie wählte Bruchsal als Wohnsitz; die Zeit, in der sie die erste Frau am Hof gewesen war, lief ab.

Schon Ende Juli berichtete der Geschäftsträger dem Kaiser: »Obwohl die Dinge sich nach außen erträglich anlassen, besteht doch kein Zweifel, daß von Vertrauen und wärmeren Beziehungen zwischen den jungen Eheleuten nicht die Rede sein kann.« Karl begann, Stephanie zu vernachlässigen. Den Anlaß suchte er gewiß nicht in der Unbesonnenheit Stephanies, ihre Mahlzeiten zu den gewohnten Stunden 11 und 5 allein einzunehmen, während man am Hof um 1 und 7 speiste; er gab, in das vertraute und bequeme Milieu zurückkehrend, seinen alten Gewohnheiten, den billigen Ausschweifungen, wieder nach. Nicht lange, und ein Verhältnis mit der Tochter jenes Kammerdieners Weiß fing an.

Stephanie hatte eine Früh- und Fehlgeburt, von der sie sich rasch erholte. Aber nun trat eine Trennung der Gatten von acht Monaten ein. Im September 1806 weilte Napoleon in Mainz, der Feldzug gegen Preußen begann. Karl bat um die Erlaubnis, ihn mitmachen zu dürfen, und wurde nach Bamberg bestellt. Er nahm an der Schlacht bei Jena und am Einzug in Berlin teil. Zuletzt befehligte er das badische Kontingent bei der Belagerung von Danzig. Er sollte zum Kaiser in Ostpreußen stoßen; beunruhigende Nachrichten riefen ihn nach Karlsruhe zurück.

Daß die Gräfin Hochberg wieder einmal, da ein Friedensschluß mit dem Verbündeten Preußens, Rußland, bevorstand, Napoleon den Vorschlag unterbreiten ließ, er möge eine ihre Familie betreffende Klausel in den Vertrag aufnehmen, mochte das Wenigste sein. Der Großherzog, der nicht mehr über seine Geisteskräfte verfügte, war nahe daran gewesen, auf einen von der Gräfin ausgedachten Plan einzugehn, wonach er abdanken und das Land zwischen den Söhnen aus beiden Ehen teilen sollte.

Diesmal hatte sich Ludwig widersetzt; aber da Karl Friedrich, ohne hinzusehn, die von der Gräfin oder von Ludwig vorgelegten Stücke unterschrieb, konnte jeden Augenblick etwas Unvorhergesehenes geschehn. Schon hatte die Gräfin erreicht, daß ihre Söhne den Vortritt vor den fremden Diplomaten erhielten.

Der Geschäftsträger Massias berichtet 1807 nach Paris: »Alles ist hier in den Händen des Prinzen Ludwig und insbesondere der Gräfin. Der Großherzog hatte nur noch den Schatten der Autorität. Man hat ihn mit einem Augenarzt namens Jung zusammengebracht, der ihm zu Unterhaltungen mit Gott und den Engeln verhilft.«

Karl also reiste von Danzig nach Hause, nahm sich aber Zeit und ließ keine Gelegenheit zu einem Trinkgelage aus. Als er in Karlsruhe sah, daß die Steine noch aufeinanderstanden, wurde er vollends lässig und griff nicht ein. Inzwischen war es Juli geworden, und der Friede von Tilsit schloß den preußischen Feldzug ab. Napoleon kehrte nach Paris zurück, um die Heirat seines Bruders Jérôme, des Königs von Westfalen, mit der Prinzessin Katharina von Württemberg festlich zu begehn.

Karl und Stephanie wurden eingeladen und blieben zwei Monate fort. Karl soll die tolle Absicht gehabt haben, seine Geliebte, die Weiß, in irgendeiner Verkleidung nach Paris mitzunehmen. Doch widersetzte sich ihr Vater.

Stephanie, die hier Hofstaat hatte, nahm Aufenthalt in Mannheim; Karl suchte oft die Vergnügen von Karlsruhe. Stephanie mochte manches ahnen und hören; wie anderen Fürstinnen in ihrer Lage blieb ihr nichts übrig, als sich abzufinden, solange der Gatte den Schein wahrte. Sie wollte nicht fortwährend beim Kaiser Klage über ihn führen, ihre Stellung im fremden Land war delikat genug. Unter ihrem Ehrengefolge befanden sich Badener, die auf seiten der angestammten Markgräfin Amalie standen; auch das spürte Stephanie.

Andererseits mußten die Gerüchte, die über die Aufführung Karls umgingen, früher oder später zu ihren Ohren gelangen, durch Vermittlung eines wirklichen oder angeblichen Freundes. Eine ihrer Damen war Frau von Venningen, geborene Dalberg, die mit einem duldsamen Gatten und dem Hausfreund zusammenwohnte, ehrgeizige Pläne hatte, Stephanie in die Hand zu bekommen suchte und ihr nahelegte, sich für die Gleichgültigkeit des Erbgroßherzogs an einem Liebhaber schadlos zu halten.

Durch sie oder auch eine der französischen Damen, die aus Mannheim nach Paris berichteten, mag Stephanie die Nachrichten erfahren haben, die einen Schock in ihr auslösten:

Karl gebe sie bei seinen Trinkgelagen durch die gröbsten Bemerkungen über ihre intimen Beziehungen preis, und noch abscheulicher, er übe mit seinem Mignon Franz Holtzing das sodomitische Laster aus. Holtzing war ein bürgerlicher Leutnant und Jugendgespiele Karls.

Die achtzehnjährige Frau, in ihren weiblichen Empfindungen verletzt, jammerte, der Kaiser habe sie einem Ungeheuer ausgeliefert und lasse sie ohne Schutz. Weinkrämpfe traten auf, Stephanie erkrankte. Karl in Karlsruhe besuchte sie so wenig, wie seine Mutter das tat, und selbst an ihrem Namenstag schickte er nur einen Adjutanten.

Zu Neujahr 1808 reiste Stephanie nach Karlsruhe, um Karl Friedrich, der immer gütig gegen sie gewesen war, aufzuwarten, ließ sich nach außen nichts merken, nahm an den Januarveranstaltungen teil und veranstaltete selbst einen Ball, bei dem die Damen als französische Bäuerinnen erschienen. Amalie verschmähte das plebejische Kostüm und war indigniert, daß man ihr zumutete, einem Dorfmädchen den Vortritt zu lassen.

Um dieselbe Zeit diktierte in Paris Napoleon, dem die verschiedensten Nachrichten zugeflossen waren, einen Brief an den Großherzog: »Mein Bruder, Euer Hoheit ist die schlechte Behandlung, der sich meine Tochter ausgesetzt sieht, unbekannt. Täglich bereue ich, diese Ehe gestiftet zu haben. Alle Welt ist sich darüber einig, daß die schlechten Ratschläge des Markgrafen Ludwig Schuld an den Vorkommnissen tragen... Ich habe dem Hause Baden Wohltaten erwiesen, ich habe es durch die Verbindung mit mir geehrt – um so schlimmer für die männlichen oder weiblichen Mitglieder des besagten Hauses, wenn sie nicht klar sehen. Meine Vorwürfe richten sich nicht gegen Sie, mein Bruder. Ohne weiteres nehme ich an, daß Ihre Unkenntnis der niedrigen Handlungen, die man begeht, sich aus Ihrem leidenden Zustand erklärt. Ich schreibe Euer Hoheit, um Sie wissen zu lassen, daß meine Tochter zu mir zurückkehren wird, wenn

Markgraf Ludwig, Ihr Sohn, weiterhin an ihrem Unglück arbeitet... Falls Euer Hoheit nicht die Macht besitzt, dem schlechten Verhalten des Markgrafen Ludwig ein Ende zu bereiten, falls der Markgraf sich nicht auf die Pflichten der Ehre und des Anstandes besinnt, verlange ich meine Tochter zurück...«

Am 15. Januar fuhr ein Wagen in den Schloßhof ein; der Insasse, Baron und Kämmerer Talleyrand (ein Vetter des Ministers), verlangte entschieden, sofort vor den Großherzog geführt zu werden: eigenhändig zu übergebender Brief Seiner Majestät des Kaisers und Königs.

Der arme alte Mann kam abermals einem Zusammenbruch nahe. Talleyrand teilte ihm die Befehle Napoleons mit: Verbannung des Markgrafen Ludwig auf seinen Sitz Salem; Entfernung des Lakaien Weiß und des Mignon Holtzing.

Die Gräfin erklärte, Karl Friedrich müsse sich von Ludwig trennen, so schwer es ihm falle; die Befehle des Kaisers wurden ausgeführt, nach Paris gingen Rechtfertigungsbriefe. Die Empfindungen, die Ludwig für die Gräfin hegte, dürften nicht die freundlichsten gewesen sein.

Erbgroßherzog Karl schloß sich zwei Wochen lang in ein Zimmer ein; nachts besuchten ihn die Mutter und die ältere Schwester, die ebenfalls Amalie hieß und unvermählt geblieben war, Zwilling mit Karoline, Königin von Bayern.

Am 28. Januar feierte Karl Friedrich, wie herkömmlich, obwohl protestantisch, den Tag Karls des Großen, seines Namensvetters. Gleich danach erging an den Erbgroßherzog die Anweisung, Stephanie nach Mannheim zu begleiten. In Mannheim näherte sich Karl, da sie nun gerade zusammen waren, der Gattin mit ehelichen Wünschen; sie verschloß ihm die Tür und ließ Fräulein de Bourjolly bei sich schlafen.

Sie war persönlich in ihrem Recht, aber nicht unter dem unpersönlichen, sachlichen Gesichtspunkt, der ihr ehelichen Gehorsam vorschrieb. Karl kehrte öfter nach Karlsruhe zurück, um sich bei billigen Freuden zu erholen, und behandelte im übrigen seine Gattin so, daß der Kaiser keinen Anstoß nehmen konnte, sondern im Gegenteil nun seine, des kaltgestellten Ehemanns, Partei ergreifen mußte.

Baron Talleyrand begab sich nach Mannheim, um dem Kaiser berichten zu können. Warum er sich mit Frau von Venningen zusammentat, ist undurchsichtig. Er sollte Massias ersetzen, in Karlsruhe bleiben und machte Politik gegen die Absichten des Kaisers. Frau von Venningen empfahl Stephanie wieder, einen Freund zu nehmen, und fand auch einen Arzt, der von den Bedürfnissen ihres Alters sprach. Das Heilmittel sollte ein Graf Coudenhove sein, und Stephanie ließ sich auch bewegen, ihn vom Kaiser als ihren Großstallmeister anzufordern.

Der Brief erreichte Napoleon in Bayonne, wo er den Feldzug gegen Spanien vorbereitete und keine Zeit für eine so ferne Angelegenheit fand. Stephanie kam von selbst zu Vernunft und bot Amalie, die auf die Scheidung ihrer Ehe sann, keine Handhabe. Sie löste sich energisch, selbst mit Haß, von Talleyrand und setzte durch, daß Napoleon ihn abberief.

4

Das nächste Kapitel ist eine Farce; die Gräfin Hochberg ließ sich auf eine Art Staatsstreich ein.

Karl Friedrich verfiel zusehends; wenn er starb, verlor sie ihren Einfluß. Die Bemühungen von zwanzig Jahren hatten sie wenig vorangebracht: die Anerkennung der Rechte ihrer Kinder stand nur im Hausgesetz. Die Zustimmung der auswärtigen Mächte war vorerst nicht zu erlangen – wie aber, wenn man die Rechte in die Konstitution aufnahm und sie nicht nur im Willen des Souveräns, sondern in dem der Volksvertretung verankerte?

Mutterliebe, Ehrgeiz, intrigante Anlage, das alles floß zusammen und schärfte die Intelligenz dieser Frau. Man muß zugeben, daß ihr Gedankengang nicht der Logik entbehrte. Konstitution war das neueste Schlagwort. Der Kaiser wünschte, daß seine Vasallenstaaten sich eine Konstitution gaben, und hatte mit Westfalen begonnen, Polen folgte. Man mußte eine Konstitution ausarbeiten und von Karl Friedrich verkünden lassen.

Die gegebenen Berater wären die Minister, Geheimräte, Kommissionen und Mitglieder des großherzoglichen Hauses gewesen – die Gräfin zog ihre eigenen Wege vor, darauf vertrauend, daß Karl Friedrich alles, was sie ihm vorlegte, blind unterschrieb; hier kommt ihr schonungsloser, weiblicher Dilettantismus zum Vorschein. Sie umging die Beamten, überhaupt die politischen Instanzen und ließ sich mit Außenseitern ein.

Ein Österreicher, der daheim aus einer bescheidenen Bürostellung entlassen worden war, hatte es im Land des Markgrafen zum Badedirektor von Baden-Baden und zum Hofrat gebracht, er hieß Sternhayn. Die Gräfin wünschte, Dalberg, der den Großherzog in Paris vertrat, aber nebenher die Leitung der Finanzen in Karlsruhe übernommen hatte, auf seinen Posten zurückkehren zu sehn; Dalberg berichtete dem Minister Talleyrand ungünstig über sie. Sternhayn erbot sich, Dalberg zu entfernen, er hatte seine Verbindungen.

In Karlsruhe hielt sich ein Franzose Villaines auf, der wahrscheinlich ein Spitzel im Dienst des Polizeiministers Fouché war. Er gehörte zu den Intimen der Gräfin, die den beredten Mann öfter benutzte, um den Großherzog zu unterhalten. Villaines zog einen zweiten Franzosen, Rayneval, heran und einen dritten, Pons. Sie verstanden alle nichts von Staatsverfassungen, Sternhayn eingeschlossen, kamen aber in Straßburg zusammen, um die badische zu entwerfen: man brauchte sich ja nur an das westfälische oder französische Vorbild zu halten.

Weder Ludwig noch der Erbgroßherzog waren im Bild. Jener befand sich in Salem, und die Freundschaft mit ihm hatte sich in Feindschaft verwandelt; dieser nahm mit Stephanie, im Herbst 1808, am Erfurter Kongreß teil, wo Stephanie nicht nur auf den Schwager ihres Gatten, Zar Alexander, Eindruck machte; Stephanie genoß ihre Erfolge, die Ehe war noch immer nicht wiederhergestellt.

Die vier Abenteurer entwarfen, Baden solle einen Senat, einen Staatsrat, eine gesetzgebende Versammlung erhalten, die Schulden von Mitgliedern des großherzoglichen Hauses sollten als nationale Schulden behandelt, die Kinder der Gräfin zu Prinzen erhöht, ihre Thronansprüche einem Plebiszit unterstellt werden.

Als die Gräfin erfuhr, daß der Kaiser, um dem Großherzog gefällig zu sein, in die Rückkehr des Markgrafen Ludwig einwillige, schickte sie den Geheimrat Herzog nach Straßburg, um den Gang zu beschleunigen. Herzog war also der fünfte Mitwisser.

Am 5. November erschien Sternhayn mit dem Entwurf

und den Begleitern in Karlsruhe. Die Gräfin führte sie sofort dem Großherzog zu, der Großherzog unterzeichnete einige vorbereitende Erlasse, der Hauptakt sollte am nächsten Tag stattfinden, in Rastatt, das der Gräfin sicherer erschien, da inzwischen Karl von Erfurt zurückgekehrt war.

Karl erfuhr von den Umtrieben der Fremden, hatte einen Anfall von Energie, berief in aller Frühe die Minister und hohen Würdenträger, versicherte sich ihrer Zustimmung und begab sich zu seinem Großvater, bei dem schon die Franzosen waren.

Eine seltsame Szene spielte sich ab. Karl fragte den Großherzog, wer die Herren seien. – »Das weiß ich nicht«, erwiderte dieser unbeteiligt und wandte sich an Rayneval: »Wie heißen Sie, mein Enkel wünscht Ihren Namen zu wissen.«

Der Franzose verstand nicht, der Großherzog hatte ihn schriftlich beauftragt, eine Konstitution zu entwerfen. Er zeigte den Brief. Karl erkundigte sich, ob er vom Kaiser beauftragt sei; es war nicht der Fall. Der Großherzog erwachte etwas aus seinem Dämmerzustand und gab Karl Vollmacht, die Angelegenheit zu ordnen – Karl befahl eine Untersuchung. Sternhayn wurde auf die Feste Dilsberg gebracht, von wo er ein paar Wochen später, jedenfalls mit Hilfe der Gräfin, nach Brüssel entwich. Herzog sah sich entlassen; die Franzosen erhielten Reiseentschädigungen und verließen das Land.

So verlief der Auftakt zur Geschichte der badischen Konstitution, die noch bis 1818 warten sollte. Der Großherzog verfiel wieder in seine Alterslethargie, der Erbgroßherzog in seine unrühmliche und junge. Die Gräfin, die sich gehütet hatte, Sternhayn je etwas Schriftliches zu geben, kam mit der Enttäuschung davon, die ihre Zähigkeit nicht lähmte.

Um Vorkommnisse wie den Fall Sternhayn zu unterbinden, bestand Dalberg darauf, daß Karl in Zukunft die Erlasse des Großvaters mitzuzeichnen habe. Karl sah darin nur eine Behinderung seiner Vergnügungen. Der neue französische Vertreter Bignon berichtete im Februar 1809 nach Paris:

»In seinem Arbeitskabinett und den anderen Räumen, die immer in Unordnung waren, bilden heute die Papiere des Kriegsministeriums ganze Haufen; alle Entscheidungen bleiben liegen, weil der Prinz nicht unterzeichnet. Der Tisch, die Stühle, selbst noch der Boden sind, wie ich höre, mit Schriftstücken bedeckt, die täglich zunehmen. Auch seine Mutter ist über seine Aufführung verzweifelt und klagt, daß er ihr zwar Versicherungen gibt, sie aber nicht einhält.«

Karl hatte das Kriegsministerium übernommen (das stark erhöhte badische Kontingent wurde nach Spanien geworfen), um nicht nach Mannheim, das ihn langweilte, zurückkehren zu müssen. Er schloß sich wieder Ludwig an, der seine eigene Wohnung außerhalb des Schlosses genommen hatte, und lebte, wie es ihm paßte.

Auch Dalberg langweilte sich, legte aus freien Stücken seine Ämter nieder und behielt nur den Posten als Gesandter in Paris. Der Kaiser machte ihn bald zum französischen Herzog, unter Bewilligung einer beträchtlichen Dotation. Wer die Macht im Lande hat, ist der Herr der Steuern.

Die Gräfin sah Dalberg mit Freude scheiden; der französische Vertreter, der nun endlich Ministerrang erhielt, sorgte für den Ärger; er erkannte den Vortritt der Hochbergschen Söhne nicht an und setzte durch, daß er widerrufen wurde – es sei denn, hatte Napoleon entschieden, daß der Großherzog sie nicht nur mit dem Titel, sondern auch mit der Apanage von Prinzen ausstatte.

Die Gräfin hakte sofort ein; aber diesmal versagte Karl Friedrich oder, was wahrscheinlicher ist, der zur Gegenzeichnung benötigte Karl. Unschwer darf man auf die Beeinflussung durch Amalie und Ludwig schließen.

Über die Lebensführung Karls berichtete der französische Gesandte, er habe einen neuen Mignon, den Bruder des früheren; die Abende verbringe er bei Ludwig in Gesellschaft gewöhnlicher Weiber von niedriger Herkunft; eine Besserung sei insofern zu verzeichnen, als er sich nicht mehr wie im letzten Sommer mit ihnen nächtens in den Schloßgärten herumtreibe.

1809 brachte den zweiten Krieg mit Österreich. Karl bemühte sich nicht, an ihm teilzunehmen; wohl aber ergriff die Gräfin die Gelegenheit. Sie erreichte, daß ihr zweiter Sohn, Wilhelm, den Feldzug nicht als Major eines badischen Regiments, sondern als Ordonnanzoffizier des Marschalls Masséna in französischer Uniform mitmachte – Napoleon würde auf ihn aufmerksam werden. Wilhelm erhielt in der Tat nach der Schlacht von Aspern die Ehrenlegion.

Den Mißerfolg von Aspern glich der Kaiser im Juli durch den Sieg von Wagram aus; Österreich unterzeichnete im Oktober den Frieden. Große Änderungen bereiteten sich vor, Napoleon plante die Scheidung von Josephine. Hätte sie ihm Kinder geboren, so wäre es schwerlich zur Trennung gekommen; gleichwohl war die Kinderlosigkeit nicht das einzige Motiv, das ihn bestimmte. Imperator nicht von Gottes Gnaden, sondern aus eigener Kraft, begehrte er eine letzte Verdeutlichung, einen höchsten Triumph – die Kaisertochter, den Eintritt in den Kreis der Legitimen.

Josephine wartete in Straßburg, daß er sie wie Anno 1805 nach dem Sieg zu sich rufe; Stephanie kam aus Mannheim, um der Tante und Adoptivmutter die Zeit zu verkürzen. Als der Sommer vorrückte, gingen die Damen auf zwei Monate in die Bäder von Plombières, bis Napoleon Josephine befahl, sich nach Paris zu begeben. Stephanie kehrte nach Mannheim zurück.

Die eine hatte keine Kinder, weil ihr Körper unfruchtbar geworden war; die andere, weil sie die Möglichkeit, sich mit dem Gatten auszusöhnen, nicht benützt hatte. Beide verstießen gegen die Fürstinnenpflicht, den Fortbestand der Dynastie zu sichern; eine andere Bestimmung hatten sie in den Augen eines Staatsmannes nicht.

Man kann sich wundern, daß Napoleon den Zuständen in Karlsruhe und Mannheim so lange zusah, ohne einzugreifen. Die Ehe seiner Adoptivtochter mit dem badischen Thronfolger entbehrte völlig des Sinnes, wenn Stephanie die eheliche Pflicht verweigerte und Karl sie nicht mehr suchte, oder wenn Stephanie, statt bei ihrem Mann zu weilen, monatelang mit Josephine herumreiste.

Daß Napoleon unwillig war, ergab sich aus zwei Tatsachen; für Baden fiel beim Friedensschluß weit weniger als für Württemberg ab, nur die kleine Grafschaft Nellenburg, und bei der Heimkehr im Oktober berührte er Karlsruhe nicht, rastete vielmehr nur auf ein paar Stunden in Rastatt, ohne diese Absicht dem Hof anzuzeigen.

Aber sie sickerte doch durch, und die Gräfin eilte nach Rastatt, wo ihr Napoleon kühl die Rede abschnitt. Fräulein von Freystett zufolge seien auch Stephanie und Karl nach Rastatt bestellt gewesen, der Kaiser habe sie in die Kutsche gepackt und ihnen auf der Nachtfahrt nach Straßburg die Leviten gelesen, Stephanie in großer Abendtoilette, ein Diamantendiadem im Haar, zugehört. Nach Bapst ist das eine Geschichte, um stehend einzuschlafen.

In Wahrheit wurde Karl bald darauf nach Mannheim beordert, um mit Stephanie durch einen Abgesandten des Kaisers dessen Meinung über ihre versandete Ehe zu vernehmen. Diese Heirat sei eine Dummheit gewesen, aber wenn man eine Dummheit gemacht habe, müsse man dabei bleiben, habe der Kaiser gesagt.

Im Dezember erhielten Stephanie und Karl den Befehl, sich in Paris zu zeigen. Karl schützte seine regere Beteiligung an den Staatsgeschäften vor; Stephanie reiste im Januar 1810 allein. Es war kein angenehmer Aufenthalt. Die Wendung im Schicksal Josephines bedrückte sie, die gleichfalls eine Beauharnais war – sie verlor eine Stütze und wußte nicht, wie die Nachfolgerin, Marie Luise von Österreich, sich zu ihr stellen werde.

Neue Gesuche der Gräfin von Hochberg, der Kaiser möge etwas für ihre Kinder tun, blieben unbeachtet im Trubel der Eheverhandlungen mit Österreich, die Dalberg leitete. Dafür entlud sich über Ludwig ein neues Ungewitter. Der Kaiser machte ihn für vieles verantwortlich: daß hessische und preußische Offiziere, die im letzten Feldzug gegen ihn gekämpft hatten, ins badische Heer eingestellt wurden; daß die neuen katholischen Untertanen des Großherzogs sich beklagten, man schicke ihnen protestantische Oberbeamte aus Karlsruhe, man setze sie zurück; und schließlich der schlechte Einfluß auf Karl.

Napoleon wollte zuerst, daß Ludwig das Land verlasse, anderenfalls sperre er ihn in einer französischen Festung ein; zuletzt stimmte er einer zweiten Verbannung nach Salem zu. Ludwig und die Gräfin vermuteten hinter ihren Mißerfolgen den Einfluß Stephanies, die in der Tat den Zorn des Kaisers von Karl abzulenken suchte – nicht aus Zuneigung, sondern unter dem Gesetz der bezogenen Position. Aber mit dieser Fürsprache begann die Aussöhnung.

Der Kaiser hatte angeordnet, daß seine neue Gattin – die Heirat war in Wien per procura vollzogen worden – auf der Reise nach Paris keinen Aufenthalt in Karlsruhe nehmen solle, während sie in Bayern und Württemberg eine Reihe von festlichen Empfängen durchlief. Stephanie erhob Vorstellungen; Marie Luise durfte einen Tag in Karlsruhe wohnen, und Stephanie reiste hin, um am Empfang teilzunehmen; er ereignete sich am 21. März. Die Gräfin hatte gehofft, daß ihre Kinder am Festmahl im Familienkreis teilnehmen würden, wie 1803 beim Aufenthalt Josephines, sah sich aber enttäuscht. Der französische Gesandte schloß die Kinder aus; er war ein etwas eigenmächtiger und wenig beliebter Herr.

Napoleon hatte Karl und Stephanie zu seiner Hochzeit eingeladen; sie schlossen sich Marie Luise auf dem letzten Stück der Reise an. Reitzenstein, nunmehr als Minister der wichtigste Mann in Karlsruhe und der eigentliche Schöpfer des neuen, zentralistischen Staates, beschwor Karl beim Abschied, die Gelegenheit zur Aussöhnung zu benützen, und hatte Erfolg. In Compiègne stellte der Kaiser mit Befriedigung fest, daß Schwiegersohn und Tochter sich wie ein Paar, das zusammengehört, benahmen.

Stephanie war zwar unbesonnen genug, Karl allein heimreisen zu lassen und erst nach zwei Monaten zu folgen; sie befand sich in der Periode, in der der Sinn der jungen Frauen nach Festlichkeiten und Vergnügen steht. Aber den Sommer verbrachten die Eheleute gemeinsam in Baden-Baden, und Stephanie fühlte sich in anderen Umständen.

Amalie sah die neue Wendung mit düsteren Augen an, die Gräfin mit freundlichen. Beide Frauen richteten sich auf den Tod Karl Friedrichs ein; die eine hoffte, den zweiten Großherzog, ihren Sohn, lenken zu können, die andere suchte die Freundschaft der künftigen Großherzogin zu gewinnen. Stephanie hatte am intelligenten und hübschen zweiten Sohn der Gräfin, Wilhelm, Gefallen gefunden. Sie lud ihn nach Mannheim ein, wohin sie sich von Baden-Baden zur Austragung der Schwangerschaft begab, während Karl in Karlsruhe blieb. Auf Empfehlung Stephanies wurde Wilhelm ausersehn, die Glückwünsche des badischen Hofes dem Kaiser zu überbringen, als der Ehe mit Marie Luise der König von Rom entsprang. Seit dem Sommer 1810 siechte Karl Friedrich dahin. Als er, am 8. Juli 1811, starb, dreiundachtzig Jahre alt, hatten die Kinder aus zweiter Ehe noch immer keinen Prinzenrang. Ein paar Tage vorher war im Schloß von Schwetzingen Stephanie niedergekommen, zu ihrer Enttäuschung nur mit einer Tochter.

Diese Prinzessin heiratete neunzehn Jahre später den Sohn Gustavs IV. von Schweden und der Tochter Amalies. Gustav IV. aber war 1809 von den Schweden, die seinem Ungeschick, seiner Feindschaft gegen Napoleon, den Verlust von Pommern und Finnland verdankten, abgesetzt und so lange eingesperrt worden, bis er zu Gunsten des Sohnes entsagte.

Die schwedischen Stände nahmen die Bedingung nicht an, sprachen auch seinen Nachkommen die Krone ab und hielten Ausschau nach einem geeigneten Kronprinzen, den der kinderlose Oheim Gustavs IV. adoptieren konnte. Ihre Wahl fiel auf den bürgerlichen Südfranzosen Bernadotte, den Marschall Napoleons; der Kaiser war weit entfernt, einen Zwang auszuüben, im Gegenteil.

Der entthronte Gustav, ein schrullenhafter, wenn nicht halbirrer Mann, begab sich nach Karlsruhe, dann nach der Schweiz, verließ seine Familie und geisterte zwanzig Jahre in Europa herum, als Oberst Gustavsson. Unter diesem Namen veröffentlichte er bald Erinnerungen, bald Betrachtungen wie die über die unbegrenzte Freiheit der Presse.

Karl wurde Großherzog; nichts wäre selbstverständlicher gewesen, als daß die Gräfin ihre Gemächer im Schloß Stephanie überließ. Sie rührte sich nicht und erklärte, nicht weichen zu wollen, bis ihre Schulden geregelt seien; das Schloß gewährte einen gewissen Schutz vor den Gläubigern. Zunächst eilte ihr Abzug nicht, da Stephanie in Schwetzingen noch nicht reisefähig war. Im Juli wurde die Lage peinlich; Wilhelm von Hochberg griff ein und bewog die Mutter, nachzugeben. Auf die Bezahlung der Schulden war Großherzog Karl nicht eingegangen.

Die Gräfin zog nach Bauschlott; ihr Stadthaus in Karlsruhe war noch nicht fertig. Sie hätte auch die Domäne Zwingenberg am Neckar wählen können, eine der letzten Zuwendungen Karl Friedrichs zu Gunsten der Hochbergsöhne.

Amalie kehrte, als die Nachricht vom Tode des Schwiegervaters sie erreichte, sofort nach Karlsruhe zurück und begann mit einer Taktlosigkeit, die sich nur aus dem Drang, die lang ersehnte Rolle als Großherzoginmutter zu spielen, erklärte, in ihrem Palais offene Tafel zu halten und die Abende mit Scharen von Besuchern zu verbringen. Karl mußte ihr bedeuten, daß sie wenigstens am Tage des Leichenbegängnisses das Haus zu schließen habe; am nächsten Tag öffnete sie es wieder.

Stephanie hatte in Schwetzingen gefunden, der Gatte besuche sie zu wenig oder zu flüchtig, und vernommen, daß er betrunken in den nächtlichen Gassen der Residenz wie ein Student lärme. Stephanie war gereizt und erklärte unbesonnen, sie werde auf ein paar Monate nach Badenweiler zur Erholung gehn. Die Vorstellungen ihrer Oberhofmeisterin, der Gräfin Walsh, einer Französin, nützten nichts. Die Gräfin berichtete nach Paris; Napoleon mißbilligte den Entschluß Stephanies, die jedoch schon abgereist war, nach der Taufe des Töchterchens.

Von dieser Feierlichkeit schloß Karl die Hochbergschen Kinder aus, diese Onkel, die jünger als er waren – um den leidigen Streitigkeiten über den Vortritt zu entgehn. In der Gräfin von Hochberg mochte der Gedanke entstehn, der Großherzog sei ihr feindlich; die vernünftigen Söhne, deren Auftreten überall gelobt wurde, redeten ihr zu, aber ein neues Ereignis bestärkte die Ansicht der Gräfin: die Verlobung ihrer Tochter Amalie endete mit einer Entlobung.

Auf einem der Bälle, die Stephanie nach der Rückkehr aus Badenweiler gab, fand ein Gast, der zwanzigjährige Fürst von Öttingen-Wallerstein, dessen Familie jüngst zu Gunsten Bayerns mediatisiert worden war, Gefallen an der Komtesse Amalie. Er verlobte sich mit ihr unter der Bedingung, daß die Braut den Rang einer badischen Prinzessin erhalte.

Großherzog Karl holte die Meinung des französischen Gesandten, Graf Nicolay, ein und dieser die Napoleons. Der Kaiser unterschied in seiner Antwort zwischen den Brüdern und der Schwester; gegen die Erhebung der Schwester schien er nichts einzuwenden zu haben, doch nicht mit klaren Worten. Nicolay beschloß, vor Karl Bedenken zu äußern. Karl hätte sie bei gutem Willen hinwegräumen können; die Gelegenheit bot sich, als er im Mai 1812 zum Kaiser, der den Krieg gegen Rußland vorbereitete, nach Würzburg fuhr.

Auf dieser Reise begleitete ihn Stephanie nicht, sie war wieder schwanger. In Würzburg erreichte Karl ohne weiteres die Zustimmung des Kaisers zur Rückkehr des Markgrafen Ludwig aus Salem. Für die Erhöhung der jungen Amalie setzte er sich nicht ein, offenbar auf Befehl seiner Mutter Amalie.

Die Verlobung ging zurück. Öttingen-Wallerstein heiratete die Tochter seines Gärtners, was ihn nicht hinderte, bayrischer Minister und Reichsrat zu werden. Wir begegnen ihm noch im Verlauf der Erzählung.

Wilhelm, der zweite Sohn der Gräfin von Hochberg, führte das badische Kontingent im russischen Feldzug. Karl hätte Erfolg gehabt, wenn er sich für die Schwester Wilhelms bemühte. Daß er es nicht tat, enttäuschte die Gräfin schwer, der Grund für eine rachsüchtige Stimmung war gelegt. Von der Rachsucht bis zum Haß ist es nicht weit, und der Haß treibt die Energie an. Konnte sie ihre berechtigten Ansprüche nicht auf geradem Weg durchsetzen, so nahm sie unter Umständen zum ungeraden Weg ihre Zuflucht.

Diese Überlegung ist nicht müßig; das undurchsichtige und phantastische Kapitel Kaspar Hauser hebt an.

5

Stephanie brachte ihr Kind im Karlsruher Schloß zur Welt, am 29. September 1812. Moskau war eben abgebrannt, und Napoleon sah seine Friedensangebote abgewiesen, doch wußte man das alles in Karlsruhe noch nicht.

Das Kind Stephanies war ein Sohn, der ersehnte Nachfolger – eine Schwergeburt, aber gesund. Es entwickelte sich gut, während die Mutter im ersten Stock nur langsam wieder zu Kräften kam. Die Entbindung hatte ein Spezialist überwacht, der nach seinem Wohnort Mainz zurückkehrte. Der kleine Prinz lag in einem Zimmer des Erdgeschosses, betreut von der Amme Schindler und einer Windelwicklerin; alle drei schliefen im gleichen Raum, von dem eine verschlossen gehaltene Tür in den Garten führte.

In der Nacht zum 16. Oktober begann der Säugling zu wimmern, ohne daß die beiden Frauen davon erwachten. Dienstboten wurden in den Frühstunden aufmerksam und holten den gewöhnlichen Arzt der Großherzogin, Dr. Krammer oder Kramer. Er stellte Fieber und Krämpfe fest, eine Gehirnhautentzündung ließ sich vermuten.

Im Verlauf des 16. verschlimmerte sich der Zustand, gegen Abend gab es keine Hoffnung mehr. Der Großherzog wünschte die Nottaufe, der Pfarrer kam nicht rechtzeitig, eine Krankenschwester nahm sie vor. Um sechs Uhr starb das Kind; die Nachricht wurde Stephanie nach und nach vom Großherzog und von der Markgräfin Amalie beigebracht.

Der französische Gesandte hatte dem Ende beigewohnt; er verlangte die Öffnung der Leiche. Acht Ärzte untersuchten sie, fanden aber kein Gift. Die Karlsruher wunderten sich über den plötzlichen Tod, doch kamen Gerüchte erst ein paar

Jahre später auf, als ein 1816 geborener Sohn Stephanies 1817 starb. Eine Tochter von 1813, Josephine, und eine andere von 1817, Marie, blieben am Leben – war es bei den zwei männlichen Erben nicht mit rechten Dingen zugegangen?

Diese unheimliche Frage wurde in den Jahren 1827 bis 1833 aktuell, als der Findling von Nürnberg, der sich Kaspar Hauser nannte, die Zeitgenossen in Erregung versetzte und selbst an den Mauern des Karlsruher Schlosses Schmähblätter hingen, auf denen zu lesen stand, dieser mißhandelte junge Mensch sei der Sohn Stephanies und Karls vom Herbst 1812, das Opfer einer Unterschiebung.

Zwei Personen zum mindesten gab es, denen das Kind ein Dorn im Auge sein mochte: die Gräfin von Hochberg und die Markgräfin Amalie. Die Gräfin wünschte freie Bahn für ihre eigenen Söhne, und die Markgräfin, daß sich Karl von Stephanie scheiden ließ. Motive für die Beseitigung des Erbprinzen bestanden mithin; welchen Sinn aber sollte eine Unterschiebung haben?

Großer Scharfsinn wurde im Verlauf des neunzehnten Jahrhunderts, bis ins zwanzigste hinein, daran gewandt, das Ereignis vom 15. Oktober 1812 aufzuklären und psychologisch zurechtzulegen. Man stützte sich dabei auf einige spärliche Akten; auf die Tatsache, daß andere beseitigt worden waren; auf Überlieferungen in zwei Schichten der Bevölkerung – in den Kreisen des Hofes und in denen der kleinen Leute, deren Vorfahren im Dienst des Schlosses gestanden hatten.

Das Ergebnis der Nachforschungen konnten nur Hypothesen sein, von größerer oder geringerer Wahrscheinlichkeit. Es war ein Prozeß gegen Unbekannt, der mit Indizien arbeitete. Sehr viele Verurteilungen erfolgen auf Grund des Indizienbeweises; aber auch Indizien ergeben ein Netz, das sich zusammenzieht. Hier die Vermutungen:

Drei Tage vor Stephanie kommt eine Arbeitersfrau namens Blochmann mit einem Sohne nieder, der am 4. Oktober in der Taufe die Vornamen Johann Ernst Jakob erhält.[1] Der Vater ist in einer Art Spinnerei, dem sogenannten Gewerbhaus, beschäftigt, die der Gräfin von Hochberg gehört. Die Gräfin erfährt, bei den noch patriarchalischen Zuständen, von der Geburt des Blochmann, und es entsteht ein Plan in ihr. Sie wohnt jetzt in ihrem neuen Stadthaus, aber die Verhältnisse im Schloß – Zugänge, Dienerschaft, Gewohnheiten – sind ihr seit Jahrzehnten bekannt. Auch ist die Jahreszeit günstig, im Oktober dunkelt es schon früh.

Wie, wenn sie, die den Großherzog Karl nicht dazu bestimmen kann, etwas für die Anerkennung ihrer Kinder zu tun, den Säugling Blochmann in das Bettchen des Prinzen legt und diesen bei der Blochmann unterbringt, um dann, wenn die Vertauschung bemerkt wird, dem Großherzog zu erklären, sie wisse, wo sein Sohn sei, und werde ihn zurückgeben, wenn man ihr erstens die Erfüllung ihrer Wünsche und zweitens Straflosigkeit zusagt?

Gedacht, getan. Die Blochmann ist für Geld bereit, auf den Tausch einzugehn; im Schloß braucht die Gräfin nur einen Helfershelfer, der den beiden beim Prinzen schlafenden Frauen ein betäubendes Mittel in den Trunk tut – oder besser nur der Amme, die Windelwicklerin kann man in dieser Nacht fernhalten. Der Helfershelfer hat auch die Aufgabe, den Riegel der Tür, die in den Schloßgarten führt, zurückzuschieben.

In der Nacht zum 16. Oktober schleicht sich die Gräfin ins Schloß und nimmt die Vertauschung vor. Am nächsten Tag auf den Alarm wartend, erfährt sie zu ihrer Bestürzung, daß das untergeschobene Kind im Sterben liegt.

Dr. Krammer mag, da der Säugling durch das Fieber entstellt ist, ebensowenig wie die Amme etwas merken, die den

[1] Einer der Urgroßväter dieses Knaben hieß Oelenhainz. 1925 verwies ein Nachkomme, Benedict Oelenhainz, auf die Spur. Seine Frau war die Enkelin des Pfarrers Deimling, der die Seite 58 erwähnte Eintragung im Kirchenbuch machte.

Kopf verliert (sie erwacht nachgewiesenermaßen erst, als das Zimmer sich mit Menschen füllt). Der kleine Blochmann war entweder schon krank, oder er erkältete sich beim Transport. So oder so, er wird als großherzoglicher Prinz bestattet, und die Gräfin hat zwar den echten Prinzen zur Hand, darf aber nichts sagen, sie muß warten. Die Frauen, die den Prinzen gewaschen und gewickelt haben, können ihn jederzeit an gewissen Merkmalen wiedererkennen – dem gelben Muttermal zum Beispiel, das er auf der Schulter trägt (und das später Kaspar Hauser gehabt haben soll).

Der Prinz bleibt bei der Blochmann, die ihn auf Veranlassung der Gräfin impfen läßt, im Unterschied zu ihren früheren Kindern – die Impfung war in den unteren Klassen damals nicht üblich. Der Prinz weilte bei der Blochmann entweder bis zu ihrem Tod, der im Jahr 1815 erfolgt, oder er wird schon vorher anderweitig untergebracht.

Die Amme Schindler konnte sich ihr Leben lang nicht erklären und nicht verzeihen, daß sie in der Unglücksnacht so tief geschlafen hatte. Ihre Aussagen sind beglaubigt.[1] Es scheint, daß man ihr in der Tat ein Schlafmittel beibrachte. Das ist etwas, aber wiederum nicht viel. Wichtiger wäre zu wissen, ob in den Jahren nach 1812 in Karlsruhe ein Knabe namens Johann Ernst Jakob Blochmann heranwuchs.

Man hat festgestellt, daß 1832 die Militärbehörde ihn zur Musterung aufrief, er also in ihren Listen stand, und daß sich dann aus einer Eintragung von 1833 im Kirchenbuch ergab, er sei nach München gegangen, um in die griechische Legion des Prinzen Otto einzutreten, jedoch gestorben.

Otto, der Sohn König Ludwigs I. von Bayern, wurde 1832

[1] Herr W. May, Fischerbach über Maslach, schrieb mir folgendes: »Von Schmied hat Erinnerungen hinterlassen, die 1888 im Druck erschienen. Auf Wunsch des Großherzogs blieb folgende Stelle weg, die ich mir aus dem Manuskript abschrieb: ›So blieb sie auch fest bei ihrem Verdacht, Kaspar Hauser sei der ausgewechselte Sohn des Großherzogs Karl gewesen und namens Hofer das Werkzeug, dessen sich Großherzog Ludwig bedient habe.‹«

erster König von Griechenland. Schon während des vorangehenden Jahrzehnts hatte der Aufstand der Griechen gegen die türkischen Bedrücker die Gemüter erregt und viele Abenteurer oder Romantiker aller Altersklassen angelockt, Byron war der bekannteste von ihnen. Wollte man jemand den Nachforschungen der Polizei entziehn, so war die Angabe, er sei nach Griechenland gegangen, ein vorzügliches Hilfsmittel.

Wenn Blochmann in Karlsruhe in den zwanziger Jahren gelebt hat, konnte er nicht Kaspar Hauser sein, dessen Kindheitsjahre verweisen auf andere Orte, wir werden sehn.

Stephanie hatte, als Amalie und Karl ihr den Tod des Sohnes mitteilten, geweint. In der Folge faßte sie sich und wohnte am ersten Weihnachtstag der Galacour, am zweiten der Feier ihres Namenstages bei. Während dieser erhielt Karl die Nachricht, daß der größte Teil der badischen Truppen beim Rückzug aus Rußland umgekommen war; er schwieg, um die Gäste nicht zu stören.

Graf Wilhelm von Hochberg kehrte im Februar 1813 vom Feldzug heim. Von den 600000 Mann der großen Armee waren neun Zehntel auf den Schlacht- oder Schneefeldern geblieben. Schon sagten die Herzöge von Mecklenburg sich vom Rheinbund los, zogen die Russen als Befreier in Hamburg ein, erließ der König von Preußen den ersten Aufruf, dem im März der »An mein Volk« nachfolgte.

Stephanie war wieder schwanger; das Kind, eine Tochter, kam im Oktober zur Welt, die letzten Schüsse von Leipzig waren gerade verhallt. Im gleichen Monat hatte Bayern mit Österreich den Vertrag von Ried geschlossen, der den König Maximilian verpflichtete, Vorarlberg, Tirol und Salzburg wieder abzutreten, ihm aber die Aussicht auf die Zurückgewinnung der teils französischen, teils badischen Rheinpfalz eröffnete. Im November verlangte der französische Gesandte in Karlsruhe seine Pässe, nachdem Karl abgelehnt hatte, auf der Seite Napoleons weiterzukämpfen. Karl in seiner schwierigen Lage suchte den neutralen Kurs zu steuern; er reiste zu den Verbündeten nach Frankfurt und erfuhr, wenn er nicht sofort zu ihnen übergehe, sei es mit ihm zu Ende. Reitzenstein verhandelte mit Geschick; der Schwager Karls, Zar Alexander, sorgte für erträgliche Bedingungen. Er legte Karl die Scheidung von Stephanie nahe. Karl war Manns genug, sie abzulehnen.

Stephanie hatte sich von der schweren Geburt noch nicht erholt. Als Karl am 19. November zurückkehrte, meinte sie, es sei ihr, als trete sie aus dem Krankenzimmer in eine völlig verwandelte Welt. Anfang Dezember hielt sich Zar Alexander in Karlsruhe auf und wohnte bei seiner Schwiegermutter Amalie. Er besuchte Stephanie, und sie sagte ihm zu, wie vor fünf Jahren in Erfurt. Alexander kam nicht auf die Scheidung zurück.

Während seiner Anwesenheit traf Wilhelm von Hochberg ein, der bei Leipzig von den Preußen gefangengenommen worden war, und gewann den Zaren durch sein angenehmes Auftreten. So drohte weder Stephanie noch der Gräfin Hochberg Gefahr seitens des Beherrschers der Reußen, dem in der Geschichte zum ersten Mal die Rolle des Schiedsrichters von Europa zugefallen war.

Mit Unruhe aber sahen beide Frauen der Ankunft der Zarin entgegen. Sie traf im Februar 1814 zu Bruchsal ein, um die Mutter zu besuchen. Stephanie machte der Schwägerin dort ihre Aufwartung und sah sich so verletzend behandelt, daß es zu einer peinlichen Szene kam. Stephanie brach in Tränen aus; Amalie verstand sich dazu, der Tochter einen Wink zu geben.

Aber dann erschienen in Bruchsal einige der anderen Töchter Amalies – die entthronte und verlassene Königin von Schweden, die Großherzogin von Hessen und die unverheiratete Amalie. Die fünf Damen setzten Großherzog Karl zu, er müsse sich von Stephanie trennen. Schon begann er zu schwanken; Wilhelm von Hochberg stärkte ihm das Rückgrat, und Karl reiste nach Frankreich ins Hauptquartier.

Die Gräfin faßte Mut und machte gleichfalls der Zarin einen Besuch in Bruchsal. Ihre Stellung als Witwe und Mutter konnte man ihr nicht nehmen, sie verlangte nichts. Die Zarin war gegen sie höflicher als gegen Stephanie. Und als Elisabeth Alexejewna im Sommer in Baden-Baden weilte, geruhte sie, die Gräfin im nahen Schlößchen Rothenfels zu besuchen.

Im Sommer 1814 wurde Baden, das man bis dahin nur Baden bei Rastatt genannt hatte, als Weltbad aus der Taufe gehoben, da alles, was in den letzten Ereignissen eine Rolle spielte, dort zusammenkam. Die Zarin und Amalie mußten erleben, daß der Löwe des Tages, Fürst Ypsilanti der Jüngere, den Salon Stephanies amüsanter als ihren eigenen fand. In diesem wurde das Gerücht ausgestreut, Stephanie stehe in intimen Beziehungen zu dem Phanarioten. Es drang zum Zaren, der in England weilte, und er nahm es ernst, zur Empörung Stephanies.

Den Glanztagen von Baden-Baden folgten die des Wiener Kongresses, der im September 1814 begann. Wer in Europa einen politischen oder territorialen Vorteil erstrebte, sorgte dafür, daß er in Wien vertreten war. Der älteste unter den Hochbergsöhnen, Leopold, ermangelte der Zähigkeit, die ein Unterhändler braucht; die Gräfin bestimmte seinen Bruder Wilhelm. Auch der Großherzog begab sich nach Wien, um den Besitz von Heidelberg und Mannheim gegen die bayrischen Ansprüche, den Breisgau gegen die österreichischen zu verteidigen. Da Wilhelm im badischen Heer stand, mußte Karl in die Beurlaubung einwilligen; er ging darauf ein.

Stephanie wurde als Verwandte Napoleons in Wien nicht zugelassen; Karl brauchte in der Kongreßstadt mit ihren Vergnügungen und Versuchungen keine Rücksicht zu nehmen. Kaiser Franz las täglich die Geheimberichte seiner Polizei und fand den Namen des Großherzogs oft darin, auch die Bemerkung, daß schwere Störungen des Gesundheitszustandes aufträten. Karl soll, da er sich öfter erbrach, eine bestimmte Furcht vor Gift gehabt haben. Mysteriös war der Selbstmord seines Kammerdieners, der in den Verdacht geriet, ein Agent des badischen Polizeidirektors Haynau zu sein; Haynau seinerseits hegte französische Sympathien und floh 1815 nach Frankreich.

Nicht nur die körperlichen Kräfte Karls, auch die geistigen erlitten eine Schwächung; die moralischen und willensmäßigen waren nie groß gewesen. Das Regieren hielt ihn von seinen Neigungen ab, unter denen die sinnlichen so stark vorwogen. Man wußte zu berichten, daß er am liebsten abgedankt hätte.

Wilhelm von Hochberg widmete sich seiner Aufgabe mit voller Energie. Der Zar war ihm nicht ungünstig gesinnt, die Zarin sah die Dinge mit den Augen ihrer Mutter an: Wilhelm mußte darauf bedacht sein, ihre Gesichtspunkte zu ändern. Die Zarin hatte ihre badischen Gefühle bewahrt. Auch ihr konnte es nicht gleichgültig sein, daß man dem Land Mannheim, Heidelberg und Freiburg wieder abnahm, wenn ihre Brüder ohne männliche Erben starben. Die Thronfolge der hochbergischen Kinder war, so gesehn, das kleinere Übel.

Sie sprach mit dem Zaren; dieser erklärte sich bereit, die Frage in Fluß zu bringen. Die Initiative lag bei Großherzog Karl, der dem Zaren seine Bitte in Form eines Briefes zu unterbreiten hatte. Es kostete Mühe, Karl zur Unterzeichnung des Schriftstückes zu bewegen; er haßte nicht nur Belästigungen, sondern auch Festlegungen. Zwang man ihn, seine Energie einzusetzen, so erfolgte ein Rückfall, mit Haßempfindungen gegen den, der ihn voranstieß. Als der Kongreß durch die Flucht Napoleons aus Elba unterbrochen wurde und ein neuer Feldzug nötig wurde, ernannte Karl zum Befehlshaber der badischen Truppen nicht Wilhelm von Hochberg.

Schwankungen war auch der Charakter des Zaren ausgesetzt. Auf seine Zusage konnte man nicht immer vertrauen; Wilhelm von Hochberg erfuhr es. Nach der Wiederaufnahme des Kongresses im Herbst 1815 unterzeichnete der russische Bevollmächtigte ein Abkommen der fünf Großmächte, worin die Ansprüche Bayerns auf die Kurpfalz und die Österreichs auf den Breisgau anerkannt wurden für den Fall, daß in Baden die Thronfolge der Hochbergsöhne akut werde.

Die Thronfolgefrage schien nie zur Ruhe zu kommen, die Erwartung der Hochbergs nie zum Abschluß. Selbst der apathische Karl raffte sich auf und schickte nach Auflösung des Kongresses dem russischen Außenminister einen Protest. Und Wilhelm von Hochberg scheute nicht die Reise zum Befriediger Europas, zum Helden des Jahrhunderts, wie Karl im Beglaubigungsschreiben den Zaren anredete.

Wieder gewann Wilhelm die Fürsprache der Zarin, wieder erging an die russischen Vertreter bei den Mächten eine Anweisung, sich für die badischen Wünsche einzusetzen. Wenige Tage vor der Rückkehr Wilhelms von Hochberg, im Mai 1816, hatte Stephanie einen Sohn geboren, die Erbfolge der älteren Linie schien gesichert zu sein.

Die Hochbergsöhne ließen sich gut an, vor allem Wilhelm. Die von der Mutter zäh verfolgte Aufgabe lag nun in seinen Händen. Die Kinder waren erwachsen, sie konnten ihre Sache selbst führen; die Gräfin trat mehr und mehr zurück.

Angenommen, sie habe den Sohn Stephanies mit dem der Blochmann vertauscht, so war das sozusagen ihr letzter aktivistischer Vorstoß. Auch über sie dürfte die Ermattung gekommen sein, die immer eintritt, wenn jemand durch die Jahre ein Ziel verfolgt hat und nun älter wird – das Leben sorgt für die Umfärbung der Aspekte, die sich im einzelnen nicht festhalten läßt.

Auch das Verhältnis der Gräfin zu ihren Kindern erfuhr diese Umformung. Einem so intelligenten Menschen wie

Wilhelm konnte nicht entgehen, daß die skandalöse Schuldenwirtschaft der Gräfin unerträglich wurde; sie belastete die Stellung, das Ansehen der Kinder. Nach dem Tode Karl Friedrichs hörten die Beschlagnahmungen der Einkünfte der Gräfin durch die Gläubiger nicht mehr auf. Die Kinder taten sich zusammen, um die Entmündigung der Mutter herbeizuführen.

Am 17. September 1816 erschien in der Carlsruher Zeitung eine Warnung: Schulden der Gräfin, die ihr Kurator nicht anerkenne, würden nicht bezahlt. Der Grundbesitz der Gräfin war in Zwangsverwaltung gekommen, ihre Fabriken liquidiert worden. Die Söhne sicherten ihr ein Jahreseinkommen von 10000 Gulden.

Die Folge war, daß die unruhige Frau sich Haßanwandlungen gegen ihre Kinder überließ. Lange nach ihrem Tod suchte man in bayrischem Auftrag nach einem Schriftstück, das sie diktiert haben sollte: ihre Kinder oder wenigstens der jüngste Sohn Max stammten nicht von Karl Friedrich.

Die Entmündigung brachte den Gläubigern Verluste. In einem der Bettelbriefe, mit denen die Gräfin den Lenker der Staatsgeschäfte, Reitzenstein, nach 1816 verfolgte, sprach sie von zweihundert Familien, die durch die Nichtbezahlung der Schulden in »Verzweiflung und Elend« gestürzt würden. 1818 verheiratete sich ihre Tochter Amalie mit dem zu Gunsten Badens mediatisierten Fürsten Karl Egon von Fürstenberg. Bei den Feierlichkeiten erlitt die Brautmutter eine Demütigung, man lud sie zu einem Empfang beim Großherzog nicht ein. Ein Leberleiden verschlimmerte sich.

Sie kam nicht aus den Schulden heraus – warum benützte sie nicht das Druckmittel, das ihr zur Verfügung stand, wenn es wahr ist, daß sie den ersten Sohn Stephanies beiseite schaffte? Aus Angst, für wahnsinnig erklärt zu werden und in eine Anstalt zu kommen? Der zweite Sohn, den Stephanie 1816 geboren hatte, war 1817 gestorben, ein ebenso kräftiges Kind wie das von 1812, und Großherzog Karl hätte ihr sicher jede Sicherheit zugesagt, wenn sie ihm die Wahrheit gestand, wenn sie ihm den Thronerben zuführte.

Karl war an Körper und Seele ruiniert; es liegt nah, von seinen wahllosen Ausschweifungen auf spezifische Erkrankung zu schließen. Er war das Mißtrauen selbst geworden, nach dem Tod des zweiten Sohnes von ewiger Furcht vor Gift verfolgt – ohne daß man zunächst recht einsähe, wer ihm außer der Gräfin hätte nachstellen sollen; die Gräfin aber schied aus, als ihre Kinder nicht mehr zu ihr standen.

Während des Jahres vom Mai 1816 bis zum Mai 1817, als der zweite Sohn Stephanies am Leben war, hatte die Gräfin sowieso keinen Anlaß, auf das Dasein des ersten hinzuweisen. In dieses Jahr fielen die Maßregeln, die ihre eigene Familie gegen sie ergriff – als der Prinz starb, war das Interesse der Gräfin an dem Pfand in ihrer Hand erloschen. Das geraubte Kind bedeutete nur noch eine Belastung: am liebsten hätte sie sich seiner entledigt. So also kann man die seelischen Hintergründe zurechtlegen.

Im November 1816 ereignete sich etwas Seltsames.

Der Moniteur Universel in Paris und das Journal des Maires ebenda brachten unter dem 23. folgende Notiz: »Am 23. Oktober fand ein Fischer aus (dem elsässischen) Großkemps im Rhein eine Flasche, die eine lateinisch geschriebene Mitteilung enthielt: Cuicumque qui hanc epistolam inveniet- sum captivus in carcere apud Lauffenburg juxta Rheni flumen; meum carcer est subterraneum nec novit locum ille qui nunc folio meo potitus est. Non possum plus scribere, quia sedulo et crudeliter custoditus sum. S. HANES SPRANCIO.«

S.117

Wer immer diesen Brief findet: ich werde gefangengehalten in einem Gefängnis bei Laufenburg am Rheinstrom; es ist unterirdisch und der Ort dem unbekannt, der sich jetzt meines Blattes bemächtigt hat. Mehr kann ich nicht schreiben, weil ich dauernd und streng bewacht werde. S. Hanes Sprancio.

Das Latein wies einige Fehler auf, das Wort BLATT gab keinen Sinn. Jedoch, am 24. November veröffentlichte die Spenersche Zeitung in Berlin als Korrespondenz aus Paris die gleiche Nachricht, und hier las man: »Mein Kerker ist unterirdisch und nicht einmal dem bekannt, der sich meines THRONES bemächtigt hat.« Der Korrespondent der Spenerschen Zeitung hatte FOLIO durch SOLIO ersetzt und einen Druck- oder Lesefehler, dem er vermutlich auf der Redaktion des Moniteur Universel nachgegangen war, berichtigt, wenn die Notiz überhaupt aus Paris kam.

Da am 26. November auch die Vossische Zeitung in Berlin einen ähnlichen Text brachte (den sie ironisch glossierte), ist es wahrscheinlicher, daß die Einrückungen bezahlt worden waren, was man auch von den Pariser vermuten darf: jemand hatte sich die Mühe gegeben, von Paris her und in Deutschland selbst die Öffentlichkeit auf einen Eingesperrten aufmerksam zu machen, und eine Reihe von Mittelsmännern benutzt, um die Notiz vom Schreiber bis in die Redaktion gelangen zu lassen.

Wer aber konnte sie verfaßt oder veranlaßt haben? Die Gräfin von Hochberg? War ihr das geraubte Kind zur Last geworden, empfand sie Gewissensbisse, wollte sie dem Großherzog Karl Schwierigkeiten bereiten? Die Flaschenpost im Netz des Fischers war vielleicht nur eine Fiktion, auf den Inhalt kam es an. Die Anzeige im Moniteur, der in den badischen Büros noch am ehesten gelesen wurde, blieb wirkungslos, weil sie von einem Blatt statt von einem Thron sprach.

Der Name am Schluß, S. Hanes Sprancio, sagte nichts, wenn es auch nahe lag, ein Anagramm in ihm zu vermuten. Die Enträtselung, eine bloße Umstellung der Buchstaben, gelang erst in unserer Zeit, und sie ist verblüffend: SEIN SOHN CASPAR.

Wohlgemerkt, die Nachricht über den angeblich oder wirklich aufgefundenen Zettel stammt von 1816, als noch niemand den Namen Kaspar Hauser vernommen hatte. Niemand auch beachtete die Mitteilung; aber nachträglich ist sie eine der stärksten Stützen für die Annahme, Kaspar Hauser sei ein Thronanwärter gewesen.

Zwar entbehrt die Wendung »Solio meo potitus est« der Logik, denn der vier Jahre alte Erbprinz konnte von seinem Vater nicht behaupten, daß er sich des Thrones bemächtigt hätte; der im Latein nicht sehr erfahrene Schreiber mag seinem Gedanken eine ungefähre Wendung gegeben haben. Er wollte sagen: der nun im Besitz meines Thrones ist.

Die Pariser Notizen deuteten nur die Gegend Laufenburg an, die Berliner nannten das Schloß Laufenburg. Durch Angaben, die Kaspar Hauser später machte, wurde man auf das Schloß Beuggen aufmerksam, das 15 Kilometer östlich von Basel liegt.

Kaspar vernahm eines Tages polnische Worte, die ihm ein preußischer Leutnant Pirch vorsprach: ja, seine Kindsmagd habe ihn auch so angeredet, erwiderte er, nämlich mit den polnischen Worten für Komm, Kleiner, komm, Liebling. Und eines anderen Tages erzählte Kaspar, nachts im Traum sei er in Räumen gewesen, die er ganz vergessen habe, und berichtete von einem Wappen, das darin angebracht wäre.

Er verfertigte einige Zeichnungen, die es wahrscheinlich machten, daß das Wappen das der elsässischen Familie von Reinach sei. Drei Reinachs waren Mitglieder des Deutschherrenordens in der Komturei Beuggen gewesen, und im Schloß, das seit der Säkularisation dem badischen Staat gehörte, stand ein großes Wappenschild dieser Sippe.

1813 hatte Beuggen den Österreichern, die in Frankreich einrückten, als Typhuslazarett gedient, auch noch später, und die Bauern gingen einer Örtlichkeit, wo so viele Menschen gestorben waren, aus dem Wege. Das Gebäude, nur vom Verwalter bewohnt, eignete sich bestens zur Unterbringung eines Kindes, das versteckt werden sollte. Die Polin kann als Marketenderin bei den Österreichern gedient haben und geblieben sein, oder sie war dem Knaben beigegeben, als absichtlich gewählte Ausländerin.

Kaspar lernte hier reiten, auf ländliche Art, und wurde zuletzt in die nächste Schule, die von Karsau, geschickt, wo er Kenntnisse im Lesen und Schreiben erwarb. 1815 zog in die Komturei zum Verwalter auch der katholische Pfarrer Eschbach, dem schwerlich entgehen konnte, daß es mit dem Knaben eine eigene Bewandtnis habe. Vielleicht band man ihm die Zunge durch das Beichtgeheimnis, vielleicht war er es, der auf die Flaschenpost verfiel, um wenigstens indirekt sein Gewissen zu entlasten.

Als Kaspar in Nürnberg auftauchte, war Eschbach in Karlsruhe Ministerialrat für den katholischen Kultus. Man hat daraus den Schluß gezogen, daß er sich für sein Schweigen befördern ließ. Forscher, die den Geheimnissen der Geschichte nachgehn, sind wie die Kriminalisten, denen jeder verdächtig ist.

Der Aufenthalt Kaspars in Beuggen, an dem nicht gut gezweifelt werden kann, dauerte wohl bis 1819.

6

Varnhagen von Ense, nach dem Wiener Kongreß preußischer Geschäftsträger in Karlsruhe, berichtet in seinen Denkwürdigkeiten, daß Großherzog Karl aus Angst von Vergiftung nur Wein trank, den sein und Reitzensteins Vertrauter, der russische General von Tettenborn, vor seinen Augen öffnete. Die Angst galt nicht der Gräfin von Hochberg, vielmehr Anschlägen, die er von österreichischer und bayrischer Seite fürchtete.

Jenes Geheimabkommen zwischen den Großmächten, das dem Hause Habsburg den Breisgau, dem Hause Wittelsbach die Kurpfalz zusicherte, wenn Karl und seine Oheime keine Söhne hinterließen, war am 3. November 1815 geschlossen worden; aber bereits am 26. berichtete der Hamburger Unparteiische Correspondent über den Inhalt, dank einer lässigen Behandlung des Schriftstücks in den englischen Kanzleien.

Das Geheimabkommen war eine genauere Auslegung des Vertrages von Ried aus dem Jahr 1813. Der Heimfall Salzburgs an Österreich sollte erst vollzogen werden, wenn die badische Frage, das heißt der Anspruch Bayerns auf den badischen Teil der Kurpfalz, ins Rollen kam. Aber Österreich wollte nicht so lange warten; es schickte im Dezember 1815 ein Heer an die bayrische Grenze.

Ein Krieg schien zu drohen, doch beabsichtigte man ihn nicht ernstlich. In Karlsruhe fühlte Karl sich immerhin veranlaßt, Wilhelm von Hochberg wieder einmal nach Sankt Petersburg zu senden. Österreich nahm Salzburg 1816 in Besitz, Bayern hatte insofern das Nachsehn, als Heidelberg und Mannheim bei Baden blieben.

Daß Österreich oder Bayern mit Gift die Entwicklung zu beschleunigen suchten, wird man nicht annehmen. Die Furcht des Großherzogs war eine Phobie, verständlich bei einem Mann, der sich über den Tod zweier gesunder Söhne Gedanken machte. Als im Mai 1817 auch der zweite hinweggerafft wurde, verschärfte sich die bedrohliche Lage des Landes, und der Augenblick, den die Gräfin von Hochberg so lange ersehnt hatte, war gekommen. Am 4. Oktober unterzeichnete, unter dem Druck der Minister und der öffentlichen Meinung, Karl ein Gesetz des Inhaltes, das Großherzogtum sei für alle Zeiten eine Einheit, die Nachkommenschaft Karl Friedrichs aus zweiter Ehe nachfolgefähig. Die Grafen von Hochberg wurden zu Prinzen und Markgrafen erhoben. Karl schrieb auf Veranlassung Reitzensteins 1818 einen Brief an den König von Bayern, worin er den Schwager mit Sire anredete: voll Schmerz sehe er, daß an der Spitze derer, die ihn zu vernichten drohten, seine nächsten Verwandten ständen. Auch dieses Schriftstück geriet durch eine Indiskretion in die Zeitungen und erregte Aufsehen.

Im Oktober 1818 kamen die Mächte in Aachen zusammen. Die Zarin, obwohl Amalies Tochter, setzte sich bei Alexander für die Anerkennung der Nachfolgeregelung ein, und die Mächte garantierten die neue Ordnung. Wieviel Energie hatte Luise von Hochberg zehn Jahre früher an dieses Ziel gewandt. Jetzt war es ohne ihr Bemühen, wie von selbst, mit Hilfe der Zeit erreicht worden – sie stand abseits, von bitteren oder müden Gefühlen bewegt.

Bald danach, am 8. Dezember 1818, starb Großherzog Karl im dreiunddreißigsten Jahr, die Ausschweifungen durch schwerstes Siechtum büßend. Mit seinem Namen, wenn auch nicht mit seinem Verdienst, ist auch die erste Verfassung für Baden verknüpft; er unterzeichnete sie am 22. August 1818. Eine neue Zeit war angebrochen; Adel, Bürger, Bauern stimmten in einem wenigstens überein, daß Rechte und Pflichten in einer Konstitution zu verankern seien.

Kein Mann von Bedeutung, war Karl doch der Fürst, unter dem, wie Haebler trefflich sagt, drei Schicksalsfragen des badischen Landes im Prinzip gelöst wurden – die Erbfolge, die Unteilbarkeit und die Verfassung.

Stephanie hat ihrer Tochter Josephine, Fürstin von Hohenzollern-Sigmaringen, Tagebücher hinterlassen; man kennt nur Auszüge und liest darin: »Die Höflinge sind wie die Juden, sie bilden nicht gerade eine Nation, gleichen sich aber in allen Ländern.« Stephanie machte diese Erfahrung in den letzten Monaten des Großherzogs Karl; die Höflinge wandten sich von ihr, dem niedergehenden Stern, der aufgehenden Sonne, dem neuen Herrscher, zu. Sie war fortan die Großherzogswitwe. Das Schloß in Mannheim verblieb ihr als Residenz, wenn auch nicht das ganze, da Karl ihr schon früher das halbe abgesprochen hatte. In Baden-Baden besaß sie ihr Sommerpalais.

Den Thron bestieg Markgraf Ludwig; dem Enkel Karl Friedrichs folgte der Sohn Karl Friedrichs. Er war und blieb unverheiratet; seine Regierung dauerte bis 1830. Mit diesem Jahr trat die Hochberglinie in ihre Rechte ein; Großherzog wurde Leopold, der älteste Sohn der Gräfin. Wenn der Häftling von Beuggen das Kind Stephanies und Karls war, kam er erstmalig 1818, zweitmalig 1830 um seine Ansprüche.

Die Anhänger dieser These sind gezwungen, anzunehmen, daß die Gräfin ihr Wissen nicht ins Grab mitnahm, sich vielmehr Ludwig eröffnete, und daß Ludwig, mit einem Familiengeheimnis belastet, schwieg. Das Familiengeheimnis bedeutete ein Staatsgeheimnis; wäre es enthüllt worden, so hätten sich unabsehbare Dinge ereignet, Einspruch Österreichs und Bayerns gegen die Erbfolgeregelung, Erschütterung des Landes.

Die Staatsraison also bestimmte Ludwig zu seiner Haltung, die diesem Immoralisten nicht schwergefallen sein dürfte und ihn doch, in unseren Augen und in seinen eigenen, in eine neue Gestalt verwandelt: er trug eine Schuld mit sich herum. Da die Gräfin, wenn Ludwig sie nicht als eine Irre betrachten sollte, bei ihrem Geständnis Beweise vorlegen und Namen nennen mußte, erweiterte sich der Kreis der Schuldigen, und um Ludwig entstand jene eigentümliche Atmosphäre, die es an den Höfen oft gegeben hat, die des schleichenden Mißtrauens.

Nichts wäre einfacher gewesen, als das Kind in Beuggen zu beseitigen, niemand hätte sich darum gekümmert. Im neunzehnten Jahrhundert schreckte selbst ein Immoralist noch vor dem Mord zurück; den Fortschritt zur Unbedenklichkeit brachte erst das zwanzigste.

Die Gräfin legte durch ihr Geständnis die Verantwortung auf fremde Schultern, die zuletzt keine anderen als die ihrer Nachkommen waren. Denn auch Ludwig muß, wenn die Kaspar-Hauser-These gelten soll, das Geheimnis weitergegeben haben – an seinen Nachfolger Leopold oder zum mindesten an dessen skrupellose Gattin Sophie, die Tochter des verstörten Gustav von Schweden, von der Stephanie oft sagte, sie sei eine Halbwahnsinnige, von Weech aber, der Verfasser einer (subalternen) Badischen Geschichte, eine schöne und geistvolle Frau. Die beiden Auffassungen bilden keinen Widerspruch.

Darüber, daß die Gräfin durch ihr Geständnis Vorteile erlangt hätte, verlautet nichts. Sie erwies dem, den sie belastet hatte, den Gefallen, schon zwei Jahre später zu sterben. Man legte Ludwig, als er Großherzog geworden war, nahe, zu heiraten. Möglicherweise bestärkte ihn das Wissen um die Existenz des unterschlagenen Kindes in der Abneigung gegen die Ehe. Daß er mit seinen fünfundfünfzig noch sehr wohl Vater werden konnte, bewies die Tochter, die ihm erst neulich Fräulein Werner, eine Schauspielerin, geboren hatte; er machte sie zur Freifrau von Langenstein.

Ludwig lehnte es ab, seinem voraussichtlichen Nachfolger, Markgraf Leopold, den Titel Erbgroßherzog zu verleihen; man könnte wiederum an einen Zusammenhang mit dem Kaspar-Hauser-Motiv denken. Die Gattin Leopolds war eine Enkelin der Markgräfin Amalie, der Widersacherin der Gräfin von Hochberg. Durch die Heirat mit dem Sohn der Gräfin wurden die Gleichstellung und die Versöhnung sichtbar gemacht. Den gleichen Wert hatte 1819 die Ernennung Wilhelms von Hochberg zum Präsidenten der neu eingerichteten ersten Kammer, des Herrenhauses.

Wir bewegen uns nicht auf dem Boden der Sicherheit, sondern auf dem der Vermutungen und der Wahrscheinlichkeitsrechnung, wenn wir die Änderung, die 1819 im Schicksal des Gefangenen von Beuggen eintrat, der Thronbesteigung Ludwigs und dem Geständnis der Gräfin zuschreiben. Daß die Daten passen, wie die Zähne eines Rades ineinandergreifen, ist nicht unbeachtlich. Beseitigen mochte man das Kind nicht, im Badischen war es eine Gefahr – so blieb die Abschiebung ins Ausland, worunter die Untertanen damals schon Württemberg oder Bayern verstanden. Hinzu kam, daß Ludwig, der als Großherzog sparsamer wurde, im Jahr 1819 die Domäne Beuggen an ein Comité verpachtete, das eine Armenanstalt ins Auge faßte und mit Basler Bürgern in Verbindung stand: der Knabe mußte verschwinden.

Die Frage nach den Helfershelfern bereitet keine Schwierigkeit. Ludwig kannte aus seiner Markgrafenzeit eine Reihe von schlechten Subjekten. Ein gewisser Hennenhofer, der Buchhandlungsgehilfe in Mannheim gewesen sein soll, diente ihm als Kurier und als Kumpan bei seinen Gelagen oder Weibergeschichten. Er brachte ihn als Offizier bei der Armee unter, und in den späteren Jahren seiner Regierung begegnen wir dem Major von Hennenhofer, der zugleich Direktor in der diplomatischen Kanzlei ist.

Hennenhofer war zu allem tauglich. Als Ludwig rasch eine Uniform brauchte, nachdem der König von Preußen ihm den alten Generalsrang wieder verliehen hatte, ließ Hennenhofer sich die Maße geben, eilte nach Berlin und besorgte die

Uniform, mit der der Großherzog bei einer Revue die Zuschauer überraschen wollte. Man hat eingewandt, 1819 habe Hennenhofer noch nicht intim genug mit dem Großherzog gestanden, um in der heiklen Beugger Affaire verwandt zu werden.

Die Nachforschungen, die von der bayrischen Regierung im Fall Kaspar Hauser angestellt wurden, gaben einem anderen Gehilfen den Vorzug, dem badischen Kreisdirektor Friedrich Fischer. An alle diese Fragen hat man eine erstaunliche Energie gewandt; der Mensch ist nie scharfsinniger, als wenn er unter einem rechtlichen Mantel Spürarbeit leisten darf.

Selbst die Orte, wo beim Abtransport Kaspar Hausers haltgemacht wurde, hat man festgestellt. Zu seinem Unglück stammte jener Pfarrer Eschbach aus dem ersten dieser Orte – Grund genug, um zu vermuten, er habe die Hand im Spiel gehabt. Und der Pfarrer des zweiten, eines Fleckens über dem Donautal, wurde 1823 nach Karlsruhe gerufen, zum geistlichen Rat gemacht, auch unter die Vertrauten Ludwigs aufgenommen: abermals Grund zu einer Kombination, bei der die katholischen Pfarrer schlecht abschneiden.

Den Transport selbst, an den sich Landleute später erinnerten, kann Hennenhofer geleitet haben, oder auch nicht. Private Überlieferungen von 1872 verweisen auf einen ungarischen Husaren; Tatsache ist, daß Kaspar Hauser einige ungarische Flüche kannte. Es kommt zwar nicht alles an die Sonne, aber manches beginnt seltsam im Zwielicht zu schimmern.

Das Ziel war ein Besitz des Freiherrn von Griesenbeck in Pilsach, einem Ort vierzig Kilometer südwestlich von Nürnberg. Nicht, daß der Freiherr irgendwie mit dem Verbrechen in Verbindung gebracht werden könnte; er diente im bayrischen Heer und hielt sich alle paar Jahre einmal höchstens für einige Wochen in Pilsach auf. Das Schloß war unbewohnt, von einem Wassergraben umgeben, es hatte einen kleinen Park. Der Verwalter war der Jagdhüter Franz

Richter, unverheiratet bis 1824; seine Mutter lebte bei ihm. Diesem Mann wurde der Knabe überliefert.

Angaben, wie die Beziehung Richters zu badischen Stellen, Hennenhofer vielleicht, sich erklärte, stehen aus. Zu Lebzeiten Kaspar Hausers verfiel man nicht auf das Schloß in Pilsach. Die Frage ist auch unwichtig; jedenfalls war Pilsach gut gewählt.

Angenommen, Kaspar habe Beuggen 1819 verlassen, in seinem siebten Jahr, so verbrachte er zu Pilsach neun Jahre, in einem kahlen Zimmer, das sein Licht von einer Luke unter der Decke einfing, nicht ganz so roh behandelt wie sein Leidensgenosse, der Sohn Marie Antoinettes bei seinem Schuster, aber völlig einsam, in Gesellschaft von ein wenig Spielzeug, zweier Pferdchen aus Holz, einem aus Pappe und ein paar Bändern, mit Drohungen gezwungen, sich still zu verhalten, wenn der Schloßherr einmal zu Besuch kam. Sein Lager war ein Strohsack.

Die Absperrung muß streng durchgeführt worden sein, da die Leute in der näheren Umgebung nie etwas gemerkt zu haben scheinen. Kaspar lernte stricken; auch muß er gelegentlich seine schwachen Kenntnisse in Lesen und Schreiben aufgefrischt haben. Er schoß Vögel im Park und hatte Umgang mit Pferden.

Die Gräfin von Hochberg starb am 23. Juli 1820 in Karlsruhe, an der Wassersucht, zweiundfünfzigjährig. »Der Staat gewinnt die 40000 Gulden oder mehr, die ihr als Witwengeld ausgesetzt waren, doch hielt man einen Teil zur Tilgung ihrer Schulden zurück; die Gläubiger allein trauern ihr nach«, berichtete der französische Gesandte.

Der Großherzog teilte ihren Tod den fremden Höfen mit, worüber der König von Bayern, der in Baden-Baden zur Kur weilte, aufs höchste erstaunte – der Großherzog konnte doch nicht erwarten, daß die Höfe Trauer für eine Privatperson anlegten?

Weihte die Gräfin vor dem Ende auch den ältesten Sohn, Markgraf Leopold, in ihr Geheimnis ein? Oder eröffnete es ihm Großherzog Ludwig nach dem Schlaganfall, den er 1827 im Hause einer seiner Freundinnen erlitt? Statt sich zu schonen, setzte er sein altes Leben fort, ein Zyniker, der im Alter Menschenverächter wurde, als Mann ohne Familie kein Fürst nach den Wünschen der Bevölkerung.

Warum wurde Kaspar, im Mai 1828, freigelassen? Die verschiedensten Deutungen sind möglich; entweder hielt Ludwig (seine Beteiligung vorausgesetzt) ihn nach so vielen Jahren für ungefährlich, sei es, daß der Schlaganfall die Gleichgültigkeit verstärkte, sei es, daß er milder stimmte; oder Franz Richter handelte auf eigene Faust, um sich eines Zeugen, der heranwuchs, zu entledigen. Ein Kind kann man wie ein Tier gefangenhalten, einen jungen Burschen schwerer. Es ist auch möglich, daß der Tod der Frau, die im Februar 1828 starb, den Entschluß des Fischers beeinflußte.

Das Beste war, wenn Kaspar unter die Soldaten gesteckt wurde und in dieser unbeachteten Masse verschwand. Irgend jemand, Richter selbst oder ein Ratgeber, hatte sich das ausgedacht. Richter erzählte Kaspar, sein, Kaspars Vater, sei bayrischer Chevauxleger gewesen, und das könne er selbst werden.

In der Nähe von Pilsach lagen die sechsten Chevauxlegers in Garnison, sie kamen dann nach Nürnberg. Richter, der auch einen Holzhandel betrieb, reiste in der Gegend herum und kannte von Namen den Rittmeister der vierten Eskadron. Kaspar wurden Antworten auf die zu erwartenden Fragen beigebracht, unter Drohungen und wohl auch Schlägen; es hing alles davon ab, daß er keine Fingerzeige gab, die nach Pilsach führen konnten. »Nimm deinen Hut ab und sage zu den Leuten Euer Gnaden«, lautete eine Anweisung, und eine andere, er möge auf alles erwidern: »Ich weiß nicht, ich darf nicht sagen.«

In der Nacht zum 26. Mai, dem Pfingstmontag 1828, wurde

Kaspar auf einem Wagen nach Nürnberg gebracht und abgesetzt. Am Nachmittag sah sich auf dem Unschlittplatz ein Schuster von einem schmächtigen Burschen angeredet: »Heh, wo ist die Neutorstraße?« Der Schuster machte den Führer und fragte Kaspar, woher er komme. Von Regensburg. Was man dort zum (griechisch-türkischen) Krieg sage? Kaspar gab, völlig verdutzt, keine Antwort; er hatte nie etwas von den Welthändeln gehört. Er war von einem Stern auf die Erde gefallen.

In der Neutorstraße wohnte jener Rittmeister; aber der Schuster kannte das Haus nicht und führte den Schützling zur Torwache, um zu fragen. Das Haus lag in der Nähe, Kaspar zog die Schelle, der Bursche öffnete. Er wolle wie sein Vater Chevauxleger werden, erklärte Kaspar und überreichte einen Brief.

Er mußte im Stall auf die Heimkehr des Rittmeisters warten. Beim Anblick der Pferde erwachte sein Interesse – wo er gewesen sei, habe es fünf gegeben, sagte er. Fleisch und Bier wies er zurück und verlangte Schwarzbrot mit Wasser. Dann legte er sich aufs Stroh und schlief ein. Der Rittmeister ließ ihn wecken und las den Brief, dem ein Zettel beilag, angeblich von der Mutter Kaspars. In beiden Schreiben wurde der Rittmeister gebeten, den Knaben bei den Soldaten unterzubringen.

Der Zettel endete mit den Worten: »Gebohren ist er im 30 Aperil 1812 im Jaher ich bin ein armes Mägdlein ich kan das Kind nicht ernehren sein Vater ist gestorben.« Der Anfang des Briefes lautete: »Ich schücke ihner ein Knaben der möchte seinen König getreu dienen. Dieser Knabe ist mir gelegt worden 1812 den 7. Oktober, und ich selbst ein armer Taglöhner.« Der Schluß: »Ich empfehle mich gehorsamst. Ich macht meinen Namen nicht kuntbar, den ich konte gestraft werden. Und er hat kein Kreuzer Geld nicht bey ihm, weil ich selber nichts habe. Wen Sie im nicht halten, so müssen Sie im abschlagen oder im Raufang aufhenggen.«

Der Sohn Stephanies war am 29. September 1812 zur Welt gekommen, der Zettel gab als Geburtstag des jungen Burschen den 30. April an, das Jahr stimmte immerhin. In der Schreiberin des Zettels hat man die Frau des Jagdhüters vermutet. Der 7. Oktober kommt dem Tag, an dem das Kind in der Karlsruher Prinzenwiege starb, recht nahe.

Kaspar sah nicht wie ein Sechzehnjähriger aus; er war kümmerlich ernährt worden und hatte wenig Bewegung gehabt. Der Rittmeister erkannte sofort, daß der Knabe für die Chevauxlegers zu klein war. Der Ton des Briefes und die Zumutung mißfielen ihm, er schickte Kaspar zur Polizeiwache. Hier glaubte man, es mit einem Landstreicher zu tun zu haben und steckte ihn über Nacht zu einem Häftling, der aber nichts aus ihm herausholte. Der Schließer nahm Kaspar in seine Wohnung mit. In der Stadt verbreitete sich das Gerücht von einem unbekannten Jüngling, der sich nur stockend ausdrücken könne. Der Findling ging die Gemeinde an, der Bürgermeister ließ ihn vom Gerichtsarzt beobachten. Der Arzt gab ein Urteil ab: »Dieser Mensch ist weder verrückt noch blödsinnig, aber offenbar auf die heilloseste Weise von aller menschlichen und gesellschaftlichen Bildung gewaltsam entfernt worden.«

Interesse, Neugier, Mitleid entzündeten sich gleichzeitig. Noch lebte man wie in der alten Zeit, noch waren die Tage des Verkehrs nicht angebrochen. Die Gemüter standen dem Romantischen offen, und die gebildeten Männer hatten sich in ihrer Jugend halb von Rousseau, halb von Schillers Humanitätsidee genährt.

Der Bürgermeister ließ Kaspar täglich in sein Haus kommen, die Frauen besuchten ihn in der Burg, wo der Schließer wohnte. Die Gastwirte holten ihn, weil die Fremden nach ihm fragten. Er bekam Geschenke, fühlte sich geschmeichelt, lernte rasch, zusammenhängend zu erzählen, und erfand wohl auch schmückende Züge oder richtete die Antworten nach den Suggestivfragen. Später, als er Gegner hatte, hielten ihn viele für verlogen. Ein Bessererzogener hätte diese neue Welt mit ihrer Zudringlichkeit nicht ertragen.

Er forderte zu gefühlvollen Überlegungen heraus. Was für ein Los. Ein Verbrechen war an ihm begangen worden, nicht nur durch die Gefangenhaltung in einem Verschlag, Jahre hindurch, sondern vielleicht schon bei der Geburt – wer konnte wissen, aus welcher Wiege man ihn gerissen hatte.

In Ansbach lebte, als Präsident des Appellationsgerichtes, der Richter Anselm von Feuerbach (Vater des Philosophen und Großvater des Malers), mit Savigny der bedeutendste unter den deutschen Juristen des frühen neunzehnten Jahrhunderts, der Schöpfer des bayrischen Strafrechts. Er reiste nach Nürnberg, um Kaspar in Augenschein zu nehmen, und entschied, dem Knaben drohe der geistige und körperliche Zusammenbruch, wenn man ihn nicht der Neugier entziehe.

Kaum war Kaspar auf Kosten der Stadt in die Obhut des Professors Daumer vom Gymnasium gegeben worden, als er an einem Überreizungsfieber erkrankte. Auch unter dem Gesichtspunkt der Pubertät war er in Pilsach zurückgeblieben.

Inzwischen hatte das Auftauchen des Findlings in Bayern, im deutschen und im eigentlichen Ausland Aufsehen erregt. Die Tatsachen wurden sofort entstellt: Kaspar habe, in einem finstern Verlies mit Riemen an den Pfeiler gebunden, vierzehn Jahre, ohne eine menschliche Stimme zu vernehmen, auf dem Strohlager verbracht.

Der Bürgermeister von Nürnberg erließ einen Aufruf, um Hinweise auf den Ort der Gefangenhaltung zu erlangen. Der Aufruf hatte keinen Erfolg; aber aus dem Badischen kam ein nicht unterzeichneter Brief: Kaspar könne sehr wohl der 1812 geborene Sohn des Großherzogs Karl sein. Bürgermeister Binder behandelte die Mitteilung als schlechten Scherz; erst später erinnerte man sich an sie.

Der Versuch, Kaspar bei den Chevauxlegers verschwinden zu lassen, erinnert an die Angabe im Karlsruher Kirchen-

2

buch, daß der junge Blochmann habe Soldat werden wollen. Irgend jemand im Hintergrund arbeitete mit demselben Motiv. Es ist sowieso wahrscheinlich, daß die beiden Jünglinge identisch waren. Angenommen, Kaspar sei ein Schwindler gewesen, so kann das nur heißen, daß ihm über diese Identität mehr bekannt war, als er zugab, nicht aber, daß er die Jahre im Versteck zu Pilsach erfunden hatte.

In der ersten Zeit waren ihm die gebräuchlichsten Gegenstände fremd; nach anfänglichem Widerstreben aß er zum ersten Mal Fleisch. Seine Aussagen über die Gefangenschaft und über die Einschärfungen des Wärters, auch seine Furcht vor diesem entsprachen ohne Zweifel der Wahrheit.

Aber statt den Findling los zu sein, sah eben dieser Wärter sich im Aufruf des Bürgermeisters als ein »Ungeheuer« behandelt, auf das man Jagd machen müsse. Kaspar redete zuviel, und das Aufsehen, das er erregte, nahm noch immer zu. Franz Richter entschloß sich nach Jahresfrist, ihn von neuem einzuschüchtern und seine Drohungen zu wiederholen oder, unter Umständen, ein weiteres zu tun.

Am 24. Juni 1829, als Kaspar einen Spazierritt in der Umgebung machte und eben durch ein Wäldchen, Platners Anlage, kam, suchte sich ein im Gebüsch verborgener Mann auf das Pferd zu werfen, floh jedoch, weil Leute erschienen. Über die Aufregung Kaspars ging man hinweg, er sei ein Hasenfuß; aber fortan wich die Angst nicht von ihm.

Am 17. Oktober ereignete sich ein ernsterer Vorfall. Kaspar ging ins Erdgeschoß des Daumerschen Hauses – jemand stürzte sich auf ihn, ein Rasiermesser in der Hand, mit den Worten: »Wenn du redest, kommst du nicht lebend aus Nürnberg heraus.« Die Schnittwunde auf der Stirn hinterließ eine Narbe, Kaspar lag mit Fieber und Delirien danieder.

Einige sagten, er habe, um das Interesse an seiner Person zu beleben, sich die Verletzung selbst beigebracht. Das Interesse war noch keineswegs erloschen, durchreisende Engländer bemühten sich um die Eintragung in ihre Alben. Aus München kam der Befehl des Königs, die Schutzmaßnahmen zu verstärken. König war dort seit 1825 Ludwig I., der Stiefenkel der Markgräfin Amalie. Mit ihm, einer abrupten Natur, die eine gewisse Ähnlichkeit mit Gustav IV. von Schweden besaß, belebten sich die Ansprüche Bayerns auf badische Gebiete wieder, ungeachtet der Abmachungen. Man hielt für möglich, daß er beim Tod des Großherzogs Ludwig die Rechte Leopolds beanstanden werde. Das Gerücht, daß Kaspar der legitime Thronfolger sei, dürfte 1829 noch nicht zu ihm gedrungen sein.

Der Kulturhistoriker Max von Boehn sieht in dem Findling von Nürnberg ein Gegenstück zu den abenteuerlichen Gestalten, die in Frankreich seit der Rückkehr der Bourbons (1815) sich als den Sohn des hingerichteten Königs Ludwig XVI. ausgaben, das heißt, er nimmt eine Nachahmung auf Grund von Zeitungsberichten an.

Dieser Gesichtspunkt ist beachtlich. Der Kronprinz verkam bei einem Schuster, Kaspar Hauser gab an, in einem Verschlag verkommen zu sein. Jedoch, man müßte sofort anmerken, daß er selbst ein Märchen ersonnen habe, ihm also mehr Bewußtheit und Verschlagenheit zuschreiben, als nach den Umständen seines Auftretens wahrscheinlich ist.

Vor allem: es waren die fürstlichen Kreise, weiterhin die der Beamten und Hofleute, die der Behauptung, Kaspar Hauser sei der Sohn des Großherzogs Karl, Glauben schenkten.

7

Daumer, bei dem Kaspar ein Jahr lang wohnte, war ein noch junger Mann, der auf den verschiedensten Gebieten arbeitete, dem naturphilosophischen, dem medizinischen, dem religionsphilosophischen. Damals übte er Kritik am Christentum; später wurde er, unter dem Namen Eusebius Emmeran, der Apologet des Katholizismus; seine Werke machen eine stattliche Reihe aus.

Er dokterte an Kaspar herum, hatte aber auch das Verdienst, ihm die mangelnde Bildung zuzuführen. Kaspar lernte rasch, und nachdem er als verblödet gegolten hatte, sahen die sentimentalistischen Gemüter, die immer in der Mehrzahl sind, nun ein Wunderkind in ihm. Feuerbach, bei aller Bedeutung selbst ein Sentimentalist, hatte recht, als er ihn das Beispiel eines Verbrechens am Seelenheil des Menschen nannte.

Feuerbach eröffnete eine Untersuchung über das Attentat. Man stellte nur fest, daß ein Unbekannter sich unweit der Wohnung Kaspars an einem Brunnen die Hände gewaschen hatte. In dem an den Rittmeister gerichteten Brief war der Ort Neumarkt genannt worden; die Nachforschungen erstreckten sich auf diese Gegend, aber gerade das Schloß bei Pilsach blieb unbeachtet. Im Jahr 1831 kam aus München die Anweisung, die Suche einzustellen.

Wahrscheinlich ist, daß Spuren nach Karlsruhe wiesen und König Ludwig inzwischen von den Kombinationen, die den Findling mit dem badischen Erbprinzen zusammenbrachten, erfahren hatte. Er griff ein, um eine Angelegenheit, die das Staatsinteresse berührte, den öffentlichen Gerichten zu entziehen. Solche Winke von oben wird es immer geben.

In der Schrift, die Feuerbach 1832 über Kaspar Hauser veröffentlichte, stehen merkwürdig gewundene, aber inhaltsschwere Sätze wie diese: »Wenn der Leser mich nach den Ergebnissen der gepflogenen gerichtlichen Untersuchungen fragt; wenn er gern wissen möchte, nach welchen Richtungen hin jene Spuren geführt haben, an welchen Orten die Wünschelrute wirklich angeschlagen hat, und was dann weiter geschehen und erfolgt sei, so bin ich im Falle antworten zu müssen, daß nach den Gesetzen wie nach der Natur der Sache ich dem Schriftsteller nicht erlauben darf, öffentlich von Dingen zu reden, welche vor der Hand nur noch dem Staatsbeamten zu wissen oder zu vermuten erlaubt sind... Dem Arme der bürgerlichen Gerechtigkeit sind nicht alle Fernen noch alle Höhen und Tiefen erreichbar, und bezüglich mancher Orte, hinter welchen sie den Riesen eines solchen Verbrechens zu suchen Gründe hat, müßte sie, um bis zu ihm vorzudringen, über Josuas Schlachthörner oder Oberons Horn gebieten können.«

Mit dem Riesen, von dem Feuerbach so pathetisch spricht, kann nur ein regierender Fürst gemeint sein, also Großherzog Leopold als Interessenvertreter des verstorbenen Großherzogs Ludwig. Feuerbach war seit etwa 1831 überzeugt, daß Kaspar Hauser das Großherzogspaar von 1812 zu Eltern hatte.

1832 sagte er in einem Brief an von Schmidt, den Hofprediger der Königinwitwe von Bayern, Karoline von Baden, der erst zwanzig Jahre später veröffentlicht wurde: »So hat auch diesmal ein kleines Lichtfünkchen, welches ich aufgefaßt und nicht mehr aus den Augen gelassen hatte, durch Kombination mit vielen anderen Tatsachen eine Entdeckung herbeigeführt, für welche zwar nie ein juristischer Beweis möglich sein wird, welcher sich aber auch die moralische Überzeugung nicht leicht wird versagen können.«

Die Zensur ließ keinem Schriftsteller einen verfänglichen Satz durch; es war die Zeit, in der sie gegen das Junge

Deutschland und bald auch gegen Heine wütete. Feuerbach brauchte ihr sein Buch nicht vorzulegen, aber er mußte sich sagen, daß es Anstoß erregen werde – er gab der Wahrheit die Ehre. Wir wissen nicht, was ihm zu Ohren kam, und wollen zugeben, daß Moralisten Gefahr laufen, Gefühle für Beweise zu nehmen; aber er war auch ein gewiegter Jurist, sein Urteil hatte Gewicht.

Nach dem Anschlag auf Kaspar wurde die Wohnung Daumers als ungeeigneter Aufenthalt angesehn. Kaspar erhielt zunächst einen Vormund in der Person des jungen Magistrats Gottfried von Tucher. Feuerbach plante, in ganz Deutschland eine Subskription zu Gunsten Kaspars zu eröffnen, und berichtete darüber an den Kriminaldirektor in Berlin.

Die nächste Folge war, daß ein Mitglied der Berliner Polizei, Merker, eine Flugschrift unter dem Titel ›Kaspar Hauser, nicht unwahrscheinlich ein Betrüger‹ herausbrachte – Beginn der fast unübersehbaren Literatur Für oder Wider.

Die Subskription erübrigte sich, da eine Nürnberger Familie bereit war, den Findling, der die Stadtkasse belastete, kostenlos aufzunehmen: die des Stadtrates Biberbach. Tucher hatte Bedenken, im Dezember schrieb er an Feuerbach in Ansbach:

»Biberbach ist ein Kaufmann, der vom frühesten Morgen bis zum spätesten Abend auf dem Comptoir sitzt. Die Frau ist eine ganz gute, aber kränklich-launische Frau, die, da sie, wie mir ihr Arzt anvertraute, an einer krankhaften Überreizung durch zu heftigen Geschlechtstrieb leidet, auf Kaspar nur höchst schädlich einwirken könnte.«

Die geldlichen Erwägungen besiegten die erzieherischen; zum Januar 1830 wurde Kaspar der Familie, praktisch der Frau Biberbach übergeben. Mit der Tochter Augusta kam er aus, nicht aber mit der Mutter. Et mulier molesta erat adolescenti et ille recusabat stuprum, steht von Potiphars Frau geschrieben.

Augusta urteilte später über ihn: um selbst Hand an sich zu

legen, sei er viel zu feig und empfindlich gewesen, bei der geringsten Verletzung habe er sich zu ihr geflüchtet. »Er hatte der Fehler mancherlei angenommen, welche man ihm selbst vielleicht nicht zur Last legen kann; insbesondere zeigte derselbe große Neigung zur Unwahrheit und behandelte alles sehr geheimnisvoll, so daß wir ihn manchmal im Spaße den Geheimniskrämer nannten.«

Er war noch unschuldig, die Hausfrau wurde ihm unheimlich, und er verlangte, daß man ihn aus ihrem Haus entferne. Die Gefühle der Dame verwandelten sich in Gehässigkeit, sie malte seinen Charakter in dunkeln Farben. Daß er vermied, mit ihr allein zu sein, und zu Lügen Zuflucht nahm, um draußen bleiben zu können, erscheint verständlich. Die Lügen waren harmlos. Einmal erzählte Kaspar, Professor Bäumler, bei dem er Unterricht erhielt, habe ihn zu Tisch eingeladen. Der Unwahrheit überführt, trommelte er mit beiden Fäusten auf den Tisch und schrie: »Lieber tot, als länger so existieren.«

Es gibt ein Bild von ihm aus seinem zwanzigsten Jahr, worauf er wie ein ordentlich gekleideter, gutgenährter Familiensohn aussieht – offener, freundlicher Blick, eine intelligente Stirn. Die Schnelligkeit, mit der er sich Lernstoff aneignete, hatte bald nachgelassen; er war kein Wunderkind mehr und lenkte in die normalen Geleise ein.

Tucher sah ein paar Monate zu, dann zeigte er sich energisch und überredete seine Mutter, Kaspar aufzunehmen. Die zwei Polizisten, die bisher, im Hause Biberbach einquartiert, Kaspar bewacht hatten, wurden zurückgezogen; nur bei seinen Ausgängen sollte ihm einer folgen. Tucher sorgte dafür, daß die Unterweisung Kaspars ihren Fortgang nahm; er fand, der Knabe besitze nun die Kenntnisse eines Dreizehnjährigen. Im Mai 1831 trat eine Wendung ein: Lord Stanhope kam nach Nürnberg, um Kaspar zu sehn.

Der vierte Earl von Stanhope, fünfzig Jahre alt, war eine Art Abzug von Lord Byron, und seine Schwester als die Einsiedlerin des Libanon, als die Wohltäterin der Syrier im ganzen Vorderen Orient berühmt. Ehemann und Vater von nicht einwandfreien Sitten, brachte der Lord seine Zeit zur Erleichterung der Familie auf Reisen zu.

Tucher lehnte ab, ihn mit Kaspar zusammenzubringen, und das Leben Kaspars wäre anders verlaufen, wenn Tucher seinen Willen durchgesetzt hätte. Aber Stanhope wandte sich an den Bürgermeister, bei dem Kaspar jeden Samstag aß, und lernte ihn kennen. Ohne weiteres machte er sich ein Gerücht zu eigen, wonach Kaspar der Sohn eines ungarischen Magnaten sei, setzte 500 Gulden für geeignete Hinweise aus und schickte ihn sogar mit Begleitung nach Ungarn. Jedoch, die österreichische Grenze war wegen Pestgefahr gesperrt.

Im Herbst kehrte Stanhope nach Nürnberg zurück, trat nicht ohne Kaspar auf, überhäufte ihn mit Geschenken aus Gold und mit Taschengeld, erreichte, daß Tucher die Vormundschaft niederlegte, und richtete an das Gericht ein Gesuch, ihm Kaspar ganz anzuvertrauen. Kaspar, den man um seine Meinung befragte, gab zur Antwort, er wäre glücklich, ein Haus zu verlassen, wo er lieblos behandelt werde.

Tucher war nur nüchtern und gewissenhaft, Kaspar gab der Lockung nach. Später sagte er, der Lord habe ihn vom rechten Weg geführt, er aber zurückgefunden. Das Verhältnis des Fünfzigjährigen zu dem Jüngling mißfiel den Nürnbergern, die beiden ließen sich zum mindesten zu unbekümmert gehn; man lebte nicht im alten Griechenland, sondern im gut protestantischen und behäbigen Franken.

Das Gericht war so vorsichtig, einen neuen deutschen Vormund einzusetzen, ging aber im übrigen auf die Wünsche Stanhopes ein. Er übernahm die Betreuung Kaspars und brachte ihn nach Ansbach. Feuerbach, der hier wohnte, kränkelte und ging dem Ende entgegen. Stanhope wurde von seinen Standesgenossen heimgerufen; es galt, im Oberhaus die große Reform der Wahlkreise, die 1830 eingebracht worden war, aufzuhalten. Die Wahlreform, eines der wichtigsten Ereignisse in der englischen Geschichte und recht eigentlich der Beginn der modernen Ära, ging 1832 durch.

Stanhope konnte Kaspar nicht mitnehmen, ihn nicht ohne Vorbereitung in seiner Familie einführen. Er versprach, in einigen Monaten zurückzukehren, und brachte Kaspar bei dem Volksschullehrer Meyer unter. Das geschah im Dezember 1831; im Januar reiste Stanhope ab. Feuerbach hatte sich von dem Lord blenden lassen und ihm jene Arbeit über Kaspar gewidmet: »Niemand hat nähere Ansprüche an diese Schrift als Eure Herrlichkeit... Jenseits des Meeres, im schönen Altengland, haben Sie ihm eine sichere Freistätte bereitet, bis die aufgehende Sonne der Wahrheit die Nacht verdrängt, welche über dem geheimnisvollen Schicksal dieses Menschen liegt.«

Die Nacht welche sollte sich nie erhellen, wohl aber der Lord den Hauptzug seines Charakters enthüllen, die Unernsthaftigkeit, die Launischkeit des großen Herrn. Es war damals noch etwas Unvergleichliches, ein englischer Lord zu sein; man sah auf dem Kontinent und zumal in Deutschland einen Halbgott in ihm.

Auch König Ludwig von Bayern beglückwünschte in einem offenen Brief den edelmütigen Engländer. Und inzwischen waren auch zu Großherzogin Stephanie in Mannheim Gerüchte über die badische Herkunft Kaspars gedrungen. Sie las die Schrift Feuerbachs in einem Zug, konnte noch nicht glauben und ließ Stanhope wissen, sie wäre glücklich, wenn er auf der Reise nach England sie besuchte.

Stanhope traf am 21. Januar in Mannheim ein und hatte zwei Unterhaltungen mit ihr. In der zweiten bat sie ihn, ihr Kaspar zu bringen, damit sie seine Züge betrachten könne. Stanhope erklärte sich bereit, nach Ansbach zurückzukehren und Kaspar zu holen, unter Vorsichtsmaßregeln, unter falschem Namen.

Jedoch, sein Versprechen mißfiel ihm; wenn Großherzogin Stephanie in dem jungen Mann ihren Sohn zu erkennen glaubte, ging ihm dieser verloren. Er fuhr von Mannheim nach Frankfurt, um sich mit dem Publizisten Klüber zu besprechen, der die Karlsruher Verhältnisse kannte, da er von 1804 bis 1817 in badischen Diensten gestanden hatte. Seinen Sohn beschäftigte jetzt der Großherzog als Privatsekretär.

Klüber hatte kein Interesse daran, den Karlsruher Hof zu verärgern; auch glaubte er nicht an Feuerbachs den Findling betreffende Vermutung. Klüber widerriet dem Lord, Kaspar Hauser nach Mannheim zu bringen. Der Lord fuhr nicht nach Ansbach, sondern nach England, Anfang Februar.

Angenommen, Großherzogin Stephanie hätte den jungen Mann, der nun im zwanzigsten Jahr stand, als Gast bei sich gesehen, ihn beobachtet und für möglich gehalten, daß ihr einziger Sohn vor ihr sitze, so kann man vermuten, daß dramatische Ereignisse die Folge gewesen wären – eine Mutter, die ihr verlorengegangenes Kind wiederentdeckt, wird zu einer zähen und gefährlichen Kämpferin.

Das Schicksal von Beiseitegeschobenen, die ihren Platz und ihre Rechte zurückzugewinnen suchen, hängt von hundert Zufälligkeiten ab. Wäre der Sohn Klübers nicht Sekretär in Karlsruhe gewesen, so hätte sein Vater sich vielleicht von der Sensation Vorteile versprochen und dem Lord nicht ab-, sondern zugeraten.

Die Nachkommen Stephanies und Tuchers wechselten vierzig Jahre später Briefe über die Ereignisse von damals; durch sie sind wir unterrichtet. Stephanie beschloß, nach Ansbach zu fahren.

Aber sie sah dem Besuch ihrer Kusine entgegen, der Königin Hortense (Mutter Napoleons III.). Als diese Anfang April abgereist war, machte Stephanie sich, in Begleitung ihrer Töchter Josephine und Marie und einer Hofdame, auf den Weg nach Ansbach.

Aus Vorsicht stieg sie nicht in der Stadt ab, sondern in der Umgebung; denn im Intelligenzblatt für den Rezatkreis, das die Fremdenlisten der Ansbacher Gasthöfe veröffentlichte, findet sich kein Hinweis auf eine Reisegesellschaft wie die der Großherzogin. Am nächsten Morgen begab sie sich nach Ansbach in den Hofgarten, wo Kaspar seinen täglichen Spaziergang zu machen pflegte, von einem Polizisten gefolgt.

Sie verbarg sich mit den Begleiterinnen hinter einem Gebüsch, und Kaspar erschien; die Ähnlichkeit mit seinem Vater, Großherzog Karl, mehr in der Haltung als im Gesicht, war so groß, daß Stephanie ohnmächtig wurde. Man brachte sie zum Wagen, der Wagen fuhr sofort nach Karlsruhe, wo Stephanie sich angesagt hatte, um ihre Schwiegermutter Amalie, die seit längerem erblindet war, zu besuchen.

Der Bericht über den Vorfall in Ansbach steht in den Erinnerungen Stephanies; Josephine von Hohenzollern-Sigmaringen erlaubte Jahrzehnte später ihrer Schwiegertochter, der als Carmen Silva bekannten Königin von Rumänien, die Stelle zu lesen. Dieser Mitteilung Bapsts und seiner Versicherung, er habe sie von Carmen Silva selbst vernommen, kommt Bedeutung zu. Ohne sie hätten wir keine Handhabe, um das Verhalten Stephanies zu beurteilen.

Stephanie wohnte also bei Amalie; ihre Beziehungen zum Großherzog Leopold und seiner Gattin Sophie waren kühl, die Frauen mochten sich nicht. Dazu kam, daß Stephanie als liberal galt und aus diesem Grund bei der Bevölkerung gut angeschrieben war, Leopold aber, unter dem Druck von Österreich und Preußen, seine liberale Haltung verlassen, das Pressegesetz zurückgezogen hatte.

Metternich in Wien bediente sich der unbedenklichsten Mittel; er gab Leopold deutlich zu verstehn, daß seine Legitimität auf schlechten Füßen wandle und der Deutsche Bund, wenn Leopold nicht nachgäbe, einrücken könne. Die Beliebtheit Leopolds war verflogen, er wurde in Mannheim mit Pereatrufen empfangen; in Heidelberg und Freiburg sahen sich Studenten und Professoren gemaßregelt, 1832 fand das Hambacher Fest statt – es ist das Zeitalter mit den beiden Aspekten Biedermeier und Reaktion.

Der Aufenthalt Stephanies in Karlsruhe dauerte zwei Wochen. Anfang Juni war sie wieder in Mannheim und empfing hier den Besuch des Fürsten und der Fürstin von Fürstenberg, des Schwagers und der Schwester Leopolds. Im Juli starb Markgräfin Amalie. Stephanie bereitete eine große Reise vor, die über München und Wien nach Italien gehen sollte.

Wundert man sich schon, daß sie nach dem Besuch in Ansbach, der in den April fiel, nichts zu Gunsten Kaspars unternommen oder auch nur geäußert hatte, so steigert sich das Erstaunen angesichts der Tatsache, daß sie auch die Fahrt nach Bayern, die über Stuttgart ging, nicht benutzte, um sich Kaspar zu nähern.

Waren ihr Zweifel gekommen? Fehlte ihr der Mut? Die Nachrichten über ihre vielen nervösen Zustände machen wahrscheinlich, daß sie zu der weitverbreiteten Klasse derer gehörte, die von starken Erregungen in die Unschlüssigkeit zurückfallen. Gleichwohl, ihre Haltung ist erstaunlich.

Sie hatte an Kaspar eine Ähnlichkeit mit seinem Vater entdeckt und war ohnmächtig geworden. Statt Feuerbach aufzusuchen, war sie nach Karlsruhe gefahren, wo sie kein Wort fallen ließ. Das konnte Vorsicht sein; aber auch nachher in Mannheim schwieg sie, obwohl das Bild Kaspars, die Vorstellung seiner Leiden, die Angst um sein Schicksal sie verfolgen mußte.

Der arme Kaspar stand unter einem unglücklichen Stern. Nicht nur Stanhope versagte; auch die Frau, die vielleicht seine Mutter war, verfiel nicht einmal auf den Gedanken, ihm weiterzuhelfen, obwohl es in ihrer Macht stand. Daß sie es unterließ, daß sie nicht frei, unbefangen an die Begegnung in Ansbach zurückdachte, sondern voller Hemmungen – sie schloß die Augen, um nicht sehen zu müssen.

Der Sommer verging, ohne daß sie sich rührte. Die Reise begann im September, mit einem zweiwöchigen Aufenthalt in Tegernsee bei ihrer Schwägerin, der Königinmutter Karoline. Karoline wußte über Kaspar Hauser Bescheid. Feuerbach hatte ihr seine Broschüre geschickt und einen Brief beigefügt: er halte Kaspar für den Sohn Stephanies. Karoline war durch seine Beweisführung nicht überzeugt; sie bestärkte die schwankende Stephanie – wenn diese noch schwankte – in ihren Zweifeln. Stephanie reiste über Wien nach Venedig, Florenz, Rom, blieb bis in den Sommer 1833 in Italien und trug in ihr Tagebuch ein: »Ein poetisches Herz ist nötig, um Italien zu sehen. Für die anderen ist es ein schmutziges, verelendetes, mit Lumpen bekleidetes Land, ohne eine Industrie, die seine ungeheuren Reichtümer ausbeuten könnte, ohne die Tatkraft, die ihm zu seiner Unabhängigkeit verhälfe.«

Stanhope war im Februar 1832 von Frankfurt nach England gefahren; er hielt es nicht für der Mühe wert, Stephanie in Mannheim mitzuteilen, weshalb er davon absah, Kaspar in Ansbach zu holen.

In England gab man ihm zu verstehn, sein Plan, Kaspar Hauser in sein Haus zu bringen, sei abgeschmackt. Die Annahme der Reformbill machte seine Anwesenheit überflüssig; er hätte wieder abreisen können. Inzwischen suchte in seinem Auftrag der Leutnant Hickel, der Kaspar als Beschützer beigegeben war, ungarische Schlösser ab, um Örtlichkeiten zu finden, die den Angaben Kaspars über Beuggen entsprachen. Der Bericht erreichte den Lord und vermehrte seine Unlust, sich mit Kaspar zu befassen.

Er begann nach Entschuldigungen zu suchen, las die Broschüre Feuerbachs nochmals durch, fand Widersprüche und teilte sie ihm mit. Feuerbach begriff, der Lord bereitete seinen Rückzug vor; die Zuschüsse des Lords liefen mit dem Jahr 1832 ab. Er beeilte sich, für das Fortkommen Kaspars zu sorgen und brachte ihn im Dezember als Schreiber in den Büros des Appellationsgerichtes unter.

Lehrer Meyer hatte Kaspar nur mit Widerstreben zu sich genommen, gegen die Versicherung, daß der Aufenthalt nicht lange dauern werde. Das Zusammenleben ließ sich höchst unglücklich an; ein gehässiger Brief der Frau Biberbach an die Familie Meyer schürte das Feuer. Um sich der Beaufsichtigung zu entziehen, kehrte Kaspar zu seiner alten Taktik der Ausflüchte zurück und kam in den Ruf eines verlogenen Menschen.

Er war alt genug, um über sich nachzudenken, über seine Lage und sein Schicksal. Der Lord sagte, er wäre ein Magnatensohn, und wollte ihn nach England bringen, ins Märchenland des Reichtums. Feuerbach und die vornehmen Familien in Ansbach, bei denen er verkehren durfte, behandelten ihn geheimnisvoll, als sei er ihresgleichen oder mehr, und wiederum mitleidig-unentschieden. Er hatte niemand, der ihn führte, tröstete, liebte.

Zum Unglück starb sein Gönner Feuerbach, im Mai 1833, und alles wurde noch dunkler. Wann kam Stanhope, um ihn zu holen?

Stanhope war wieder auf dem Kontinent, er erschien bei Klüber in Frankfurt. Dieser war zwar nicht der Parteigänger Kaspars, den er auf keinen Fall zu einer Art Thronprätendenten gemacht zu sehen wünschte, aber auch nicht sein Feind. Er gab dem Lord zu bedenken, daß er Verpflichtungen gegen Kaspar habe, erreichte nichts, beschloß nachzuhelfen und veröffentlichte im Frankfurter Journal vom 8. Mai 1833 folgende Notiz:

»Kaspar Hauser, dieser unglückliche junge Mann, scheint durch die Großmut eines Engländers noch unglücklicher geworden zu sein; denn seitdem der reiche Lord Stanhope die Stadt Nürnberg bewog, ihm ihren Adoptivsohn abzutreten, verwilderte dieser in seiner nicht ausgewählten Umgebung und in der unbeschützten Lage, in die ihn der großmütige Lord versetzt hat, bei weitem mehr als in der früheren Todeseinsamkeit.«

Die Notiz beeindruckte Stanhope, er unterzeichnete eine Abmachung, wonach Kaspar eine lebenslängliche Rente von ihm erhalten sollte, auch nach seinem, Stanhopes, Tod. Das war aber auch alles, er kaufte sich durch Geld los. Daß Kaspar auf ihn wartete und seelisch gefährdet wurde, kam ihm nicht in den Sinn. Er reiste nach Konstanz, ohne den Schützling zu besuchen, nach der Schweiz, nach Venedig, nach Wien und schrieb ein halbes Jahr lang nicht.

Kein Wunder, daß Kaspar verwilderte; er bäumte sich auf, er sank zusammen. Erst neulich hatte man ihn nach Gotha mitgenommen, weil hier vor Jahren ein Ehebruchskind seines Alters verschwunden war – vielleicht daß er die Örtlichkeit wiedererkannte. Und die Welt, die Öffentlichkeit, die Zeitungen begleiteten das alles mit ihren Glossen. Jener Fürst von Oettingen-Wallerstein, der einmal der Schwiegersohn der Gräfin von Hochberg hatte werden wollen und nun Innenminister in München war, äußerte sich nachträglich:

»Es wäre sehr möglich, daß das rätselhafte Hinlenken der Aufmerksamkeit auf eine minder illustre Herkunft absichtlich ersonnen worden wäre, um die beabsichtigte Tat und ihre Quelle desto sicherer zu verhüllen.«

8

Vielleicht hatte der Fürst recht. Am Hof in Karlsruhe begann man allmählich nervös zu werden. Wenn auch die Zensur dafür sorgte, daß der Fall Kaspar Hauser im Lande nicht öffentlich erörtert wurde, so konnte sie doch nicht verhindern, daß alles raunte und redete.

Großherzog Leopold war kein böswilliger Mann, wohl aber einer, dem es, nach dem Ausdruck seines Bruders Wilhelm, nicht lag, Schwierigkeiten zu überwinden. Metternich in Wien hatte ohne Zweifel zur gleichen Zeit wie die anderen Höfe von den Vermutungen gehört, die sich an den Namen Kaspar Hauser knüpften. So gut wie er eines Tages Louis Philippe von Frankreich drohte, man werde den Herzog von Reichstadt, den Sohn Napoleons, Ansprüche auf den französischen Thron erheben lassen, konnte er eines anderen Tages Leopold von Baden mit einer Regentschaft zu Gunsten Kaspar Hausers erschrecken. Die Unzufriedenheit Metternichs mit den Zuständen im Großherzogtum machte Leopold Sorgen. Ohne die Gefahr zu überschätzen, muß man doch für möglich halten, daß sie im engeren Kreise einige Beklemmungen erzeugen mochte, zumal im Kopf einer ehrgeizigen Frau. Großherzogin Sophie drängte den Gatten in den von Österreich und Preußen gewünschten Kurs und hatte nicht vergessen, was in Schweden einem ungeschickten Fürsten, dem eigenen Vater, geschehen war. Ihre skandalöse Beziehung zum Bankier Haber – dessen Vater, ein badischer Rothschild, durch Heereslieferungen in den Befreiungskriegen großgeworden war – ereignete sich erst später, sei aber herangezogen, weil sie ein Licht auf den skrupellosen, sinnlich-triebhaften Charakter der Fürstin wirft.

Fürst Oettingen-Wallerstein brachte in Erfahrung, daß das Mitglied der zweiten badischen Kammer, Professor Karl Theodor Welcker in Freiburg, der Gegner Leopolds, den Bürgermeister von Nürnberg um zwei Bilder Kaspar Hausers und um einige Proben seiner Handschrift bat – die Verwandtschaft des Jünglings mit dem großherzoglichen Hause beschäftigte ihn offenbar. Daraus geht die Beachtung hervor, die Kaspar zu finden begann.

Auch Sophie war wachsam; auch sie beschloß, Kaspar in Augenschein zu nehmen. Man sollte nun annehmen, daß ihre Reise so unauffällig wie möglich vor sich ging; die Großherzogin stieg jedoch mit Oberhofmeister, Hofmarschall, Ehrendame und Privatsekretär in der Krone zu Ansbach ab. Diesmal teilte das Intelligenzblatt die vollen Namen unter dem 29. Juni 1833 mit. Die Frau, der es nicht an Kühnheit fehlte, wird sich gesagt haben, daß ihr Aufenthalt doch nicht unbemerkt bleiben könne und Offenheit am ehsten späteren Kombinationen die Spitze abbreche.

Es ist nichts darüber bekannt, wie Sophie den jungen Kaspar zu Gesicht bekommen hat. Vielleicht lag ihr mehr daran, den Schauplatz kennenzulernen – den Schauplatz eines möglichen oder gar schon heranreifenden Dramas. Sie mag allerlei gefragt und erfahren haben, zum Beispiel, daß Kaspar im Begriff stand, wieder einmal in der Begleitung Hickels einer Spur nachzugehn, die nach Kronach in Franken führte. Hier hatte 1812 eine Kaufmannsfrau von einem französischen Offizier ein Kind gehabt, das als verschollen galt.

Auf dieser Reise kam Kaspar durch Nürnberg und war gerade anwesend, am 24. August, als aus München König Ludwig mit seiner Gattin, Königin Therese, eintraf, um den Namenstag in der ehemaligen freien Stadt zu feiern, die bei Auflösung des Reiches an Bayern gefallen war. Gleich nach der Ankunft wünschte die Königin Kaspar zu sehn.

Noch einmal hob den Beziehungslosen eine Woge hoch. Bald nach den bayrischen Majestäten traf auch die morganatische Gemahlin des Königs von Preußen, die zur Fürstin von Liegnitz erhobene Gräfin Harrach, in Nürnberg ein und unterhielt sich gleichfalls mit Kaspar.

Kaspar gestand dem König seine Angst vor einem neuen Anschlag und regte an, verbreiten zu lassen, der Mann, der ihn gefangengehalten habe, brauche keine Verfolgung zu befürchten. Der König meinte, Leutnant Hickel wache ja über ihm. Kaspar beklagte sich auch, daß Lord Stanhope ihn nicht mehr beachte. Die Königin erwiderte, wenn der Lord versage, würden der König und sie sich um ihn kümmern. Kaspars Wunsch war, in einem bayrischen Kavallerieregiment Offizier zu werden; aus Rücksicht auf den Lord, der noch als der Beschützer Kaspars galt, verschob der König die Entscheidung auf später. Es gab kein Später, bald nur noch ein Zuspät.

Wieder in Ansbach, von einer neuen Gloriole umworben, fühlte Kaspar sich doch nur unglücklicher als je. Die Familie Meyer behielt ihn zwar, man bezahlte sie dafür. Aber die Reibungen wiederholten sich jeden Tag. Hickel schrieb an Stanhope, der in Wien war, im Meyerschen Hause entbehre Kaspar jeder Aufsicht, er verkomme. Denkbar ist, daß Kaspar nicht mehr wie früher weiblichen Bekanntschaften widerstrebte. Nachdem Stanhope sich innerlich so weit von Kaspar entfernt hatte, geruhte er, ihm sein Wohlwollen wieder zuzuwenden – ein natürlicher Vorgang bei Naturen dieser Art. Er stellte seine Ankunft in Aussicht. Wir wüßten gern, ob Kaspar die Vermutungen kannte, die ihn mit Stephanie zusammenbrachten. Es ist unwahrscheinlich, daß er nicht davon gehört haben sollte. Die Berichte aus seiner letzten Zeit betonen, er sei zusehends eitler, hochfahrender, ungeduldiger und mißtrauischer geworden.

Irgendwo lauerte ein unversöhnlicher Feind, den er sich geschaffen hatte, und hörte beunruhigt von den hohen Besuchen in Nürnberg. Wenn der König von Bayern sich Kaspars annahm, bekam er ein politisches Pfand in die Hand und konnte es eines Tages ausspielen – nach der Auffassung dieses Feindes im Hintergrund. Kaspar wurde eine Gefahr, er mußte verschwinden.

Alles an der Geschichte Kaspar Hausers ist unwahrscheinlich, am meisten ihr gewaltsamer Abschluß – der sich nicht ableugnen läßt. Widerstrebt man schon der Annahme, die Gräfin von Hochberg habe ihn aus der Wiege geraubt und ein untergeschobenes Kind sei an seiner Stelle begraben worden, so widerstrebt man noch mehr dem Zwang, eine zweite Frau einzuführen, die einen Mörder dang, um sich, den Gatten, den Thron zu schützen oder auch nur, um einem unerträglichen, immer stärker anschwellenden Geflüster ein Ende zu machen. Jedoch, wer wollte in Abrede stellen, daß es in den Kreisen der Mächtigen manches liebe Mal wie in einem Kolportageroman auf Lieferungen zugegangen ist und immer wieder zugehen wird?

Wie einst unter den Nachkommen Karl Friedrichs aus erster Ehe der Lebemann Markgraf Ludwig ein größeres Format als sein Neffe Karl aufwies, so übertraf Großherzogin Sophie an kaltblütiger Intelligenz die Gräfin Luise von Hochberg. Der Kinderraub von 1812 war eine Affekthandlung, das Kind sollte nur auf einen Tag verschwinden. Die Beseitigung des Erwachsenen verlangte eine kühle Berechnung der Umstände.

Den Schauplatz kannte Sophie, die Gewohnheiten und die Gemütsverfassungen des Opfers auch. Auf dem laufenden konnte sie sich leicht halten; ihr Helfershelfer brauchte nur einen Beobachter und Berichterstatter in Ansbach zu besolden. Der Park mit seinen einsamen Stellen war für einen Anschlag wie geschaffen. Um Kaspar hinzulocken, genügte es, ihn wissen zu lassen, daß man ihm Dokumente geben könne, die seine hohe Abstammung bewiesen – vorausgesetzt, daß er schweige und den Polizisten zu Hause lasse.

Dieser Plan war gut abgestimmt auf Kaspars Erwartungen, auf seine Neigung zum Geheimnisvollen, auf seine Aufsässigkeit und seinen Trotz. Ein Anschlag im Park bot auch den Vorteil, daß man an den in Nürnberg denken und den Täter in einer falschen Richtung suchen würde.

Wer der Täter war, ist nie herausgekommen. Ein gewisser Johann Jakob Müller wird genannt, ein Württemberger, der wegen Diebstahls nach Baden geflüchtet war, hier Diener im Schloß wurde, das Großherzog Ludwig der Schauspielerin Werner schenkte, durch Hennenhofer eine Stelle im Ministerium des Äußeren bekam, sie mit der eines Kassierers im Kriegsministerium vertauschte, Unterschlagungen beging und von der Gnade Hennenhofers abhing.

Damit sind wir bei dem Mann angelangt, der das Unternehmen in Ansbach geleitet haben dürfte, Major Hennenhofer. Zwar hatte Sophie ihn, den Vertrauensmann des verstorbenen Großherzogs Ludwig, anfangs bekämpft, weil ihm Dinge wie Veruntreuung und die Vergewaltigung einer Minderjährigen nachgesagt wurden; aber als sie einen Helfer brauchte, zog sie ihn heran. Hennenhofer sah sich bis an sein Ende und darüber hinaus von der Bevölkerung als der Mörder Kaspar Hausers bezeichnet. Selbst an seinem Grabstein in Freiburg fand man noch lange Verwünschungen angeheftet.[1]

Im November 1833 dürfte sich ein Agent, vermutlich also Hennenhofer, Kaspar genähert haben. Am Nachmittag des 11. Dezember besuchte dieser Frau Hickel, die Gattin des Gendarmerieleutnants, der ihn bewachte, und erklärte beim Abschied, er sei eilig – der Obergärtner des Parks wolle ihm die verschiedenen Tonarten zeigen, die man bei der Anlage eines artesischen Brunnens gefunden habe. Frau Hickel schenkte dieser seltsamen Verabredung weiter keine Bedeutung, sondern fragte, ob er am Abend dem Ball bei den Stichaners beiwohnen werde. Er verkehrte in dieser Familie, ging hin und erhielt seine Karte. Inzwischen war es finstere Nacht geworden, Kaspar begab sich nach Hause.

[1] Siehe Anhang, unten S. 125 ff.

Am Morgen des 14. Dezember, auf dem Weg zum Büro, redete ihn ein Mann an und wiederholte die Aufforderung, bei Anbruch der Dämmerung im Park zu sein. Die Arbeiten am artesischen Brunnen waren schon seit längerem beendet; es mag sich um ein Stichwort gehandelt haben – wenn man ihn zum Brunnen bestelle, werde er die Papiere erhalten.

Wieder machte er vorher einen Besuch, beim Pfarrer, der ihn konfirmiert hatte, und verabschiedete sich rechtzeitig unter dem Vorwand, die jungen Damen Stichaner erwarteten ihn für Weihnachtsarbeiten, was nicht stimmte. Der Park lag verlassen, ein Schneesturm wütete; der Mann vom Morgen war zur Stelle, hielt einen Damenbeutel mit den Dokumenten hoch, ließ ihn beim Überreichen fallen und stieß Kaspar, der sich danach bückte, einen scharfen Gegenstand in die Brust. Der Stich traf statt des Herzens die Gegend unterhalb.

Kaspar taumelte oder raffte sich, wenn er gefallen war, auf und floh, erreichte das Meyersche Haus, teilte dem Lehrer mit, er sei verwundet, müsse aber einen Beutel haben, und zog Meyer an der Hand mit sich fort. Auf halbem Wege wurde er ohnmächtig; Meyer brachte ihn zurück, steckte ihn ins Bett und verhehlte seine Meinung nicht – Kaspar habe sich die Wunde selbst beigebracht, diesmal werde die Sache einen üblen Ausgang für ihn nehmen.

Am Abend, als Kaspar, der fieberte, aus dem Bett springen wollte und »Nach München, nach München« rief (Stanhope hatte aus München geschrieben), drohte Meyer ihm eine Tracht Prügel an und rechtfertigte sich nachträglich so: »Ich wollte mir über diese Strenge später Vorwürfe machen; allein, wenn ich in Erwägung zog, daß er die Schläge nicht fühlte, wenn er wirklich den Schritt im Delirium tat, und daß er sie vollkommen verdiente, wenn er solches affektierte, so konnte ich dabei so ziemlich beruhigt werden.«

Was für ein Deutsch; aber was für ein Deutsch schrieben sie alle – Oettingen, Tucher, die aussagenden Frauen und selbst Feuerbach noch an manchen Stellen. Das Gewundene, das

Vertiftelte, das Unsichere und Subalterne im deutschen Charakter wird sichtbar.

Es verlautet nichts darüber, daß der vortreffliche Pädagoge Meyer sofort zu einem Arzt geschickt hat; gewiß ist, daß er zur Polizei ging, um einen Streifzug im Park zu veranlassen; er war neugierig auf den Beutel. Auch unterließ er nicht, seine Meinung, Kaspar habe sich selbst verwundet, vorzutragen – womit er bewirkte, daß die Untersuchung von dieser Voraussetzung ausging und lässig betrieben wurde.

Der Arzt oder die Ärzte hielten die Verletzung für ungefährlich, man vernachlässigte sie. Am 17. Dezember starb Kaspar, vom ersten Augenblick des Lebens bis zum letzten von bösen Mächten verfolgt, der pauvre Gaspard in Verlaines schönem Gedicht. Er liegt auf dem Ansbacher Friedhof begraben.

Stephanie hatte Rom im Juni verlassen und traf am letzten September wieder in Mannheim ein. Die Zwischenzeit dürfte sie bei ihrer ältesten Tochter Luise, der Prinzessin von Wasa, verbracht haben; die Prinzessin kam im August in Wien mit einer Tochter nieder, der späteren Königin Karola von Sachsen.

In den nächsten Monaten beschäftigte Stephanie sich mit der Verheiratung der zweiten Tochter Josephine und fand, Großherzog Leopold könne mehr tun, um das Mädchen zu sichern. Es gab scharfe Auseinandersetzungen. Josephine verlobte sich 1834 mit dem Erbprinzen von Hohenzollern-Sigmaringen.

Auch die Fortsetzung der Streitereien sei erwähnt; sie betrafen die Konfirmation der jüngsten Tochter Stephanies, Marie. Stephanie wünschte, daß die Feier im Karlsruher Schloß stattfinde; Leopold widersprach heftig, die Konfirmation wurde im Sommer 1834 in Mannheim vollzogen, weder der Großherzog noch die Großherzogin stellten sich ein.

Stephanie war vollauf mit der Niederkunft, der Verlobung, der Einsegnung ihrer Töchter beschäftigt, vor und nach dem Tode Kaspars. Zwar entzog sie sich am 18. Dezember, als das Attentat in Mannheim schon bekannt war und die Frage, ob er sterben werde, an den Nerven zerrte, der Aufwartung, die der durchreisende Prinz Friedrich von Preußen ihr machen wollte; aber nach kurzer Zeit erholte sie sich und nahm ihr gewohntes Leben wieder auf.

Es wäre für ihr Andenken besser, wenn man annehmen dürfte, daß sie nie geglaubt habe, Kaspar könne ihr Sohn sein. Die Nachrichten über ihr Verhalten beim Besuch in Ansbach stehn entgegen. Ihre Töchter Josephine und Marie, die sie nach Ansbach begleitet hatten, waren zeitlebens überzeugt, Kaspar sei ihr Bruder gewesen.

Stephanie muß im neuen Jahr 1834 erfahren haben, daß man Großherzogin Sophie mit der Ermordung Kaspars zusammenbrachte. In den Briefen, die zwischen Mannheim und Karlsruhe wegen der Konfirmation der Prinzessin Marie gewechselt wurden, bediente sich Stephanie gereizter Ausdrücke. Die Briefe sind vernichtet worden, doch erhalten hat sich ein langes Schreiben Leopolds an den alten Freiherrn von Reitzenstein, der nun in Wien lebte; er beklagte sich über die sourdes intrigues Stephanies.

Die hessischen Verwandten vermittelten; die Großherzogin von Hessen war die Schwägerin Stephanies, und ihr Gatte, Ludwig II., trat immer für Stephanie ein. Es wurde abgemacht, daß die Hochzeit Josephines in Karlsruhe stattfinden solle, im Herbst.

Als Stephanie in Karlsruhe eintraf, erlitt sie im Vestibül des Schlosses einen Schock. Sie stockte – auf der ersten Stufe der großen Treppe sei Blut. Man stützte sie, gab ihr Riechsalz, Stephanie faßte sich. Die Szene wirkt billig, wie in einem Film; nach Bapst war eine Frau von R. Zeugin des Vorfalls, ihre Familie überlieferte ihn.

Der französische Gesandte in Darmstadt, Graf Reiset, berichtet in seinen Erinnerungen, Stephanie habe dem Großherzog von Hessen gesagt, wenn sie glauben müßte, Kaspar Hauser sei ihr Sohn, werde sie wahnsinnig. Später erklärte sie der Baronin Belli: »Denken Sie sich, man ist grausam genug, Kaspar Hauser als meinen Sohn auszugeben.« Eines Tages brachte Napoleon III. das Gespräch auf Kaspar und fragte, wie sie sich zu den Gerüchten stelle; sie erwiderte: »Eine unsinnige Fabel.« Schrittweise befreite sie sich von den Beklemmungen durch Ableugnung.

Schon nach dem Besuch in Ansbach begann sie zu überlegen, wie sich ihr und ihrer Töchter Leben anließ, wenn sie mit Leopold und Sophie brach. Sie hing an ihrer Stellung; es gefiel ihr, eine eigene Hofhaltung zu haben, Mitglied eines regierenden Hauses zu sein. Das alles stand auf dem Spiel, wenn man Leopold, im Zusammenhang mit der Kaspar-Hauser-Affaire, zur Abdankung zwang. Am meisten wurde dann die Zukunft der Töchter bedroht; sie fanden keinen Mann, die Apanagen fielen unter Umständen fort. Stephanie brauchte Leopold – sie opferte Kaspar Hauser, um ihre Töchter zu sichern.

Solange die hochberg-zähringische Linie den badischen Thron innehatte, bis zum Ende des Ersten Weltkriegs, gab eine beflissene Geschichtsschreibung sich jede Mühe, den Fall Kaspar Hauser zu verschweigen oder als absurd zu behandeln. Jedoch, er gehört der Geschichte an, und bei aller Vorsicht wird man sagen dürfen, daß die Identität Kaspars mit dem Erstgeborenen Stephanies zwar nicht beweisbar, aber wahrscheinlich ist.

Zu viele Indizien verweisen auf einen in Karlsruhe ersonnenen und veranlaßten Mord von politischem Charakter.

9

Der Beutel, nach dem Kaspar sich gebückt hatte, war nicht verschwunden, als die Polizei ihn suchte, und auch nicht mit leerem Papier gefüllt, wie man vermuten würde. Er enthielt einen Zettel mit einigen von rechts nach links geschriebenen Zeilen, die vor dem Spiegel folgenden Inhalt ergaben:

»Hauser wird es auch ganz genau erzählen können wie ich aussehe, und wo her ich bin. Den Hauser die Mühe zu ersparen, will ich es euch selber sagen, woher ich komme. – – Ich komme von – – der Bairischen Gränze – – – am Flusse – – – Ich will euch sogar den Namen sagen. M. L. Ö.«

Frau Meyer berichtete Frau Biberbach in Nürnberg in einem langen Brief vom 24. Dezember über die schlimmen Tage in ihrem Haus. Vom Verhalten ihres Mannes gab sie eine geglättete Darstellung; aus ihren übrigen Mitteilungen seien folgende erwähnt. Bei zwei Vernehmungen durch die Gerichtskommission machte Kaspar keine Angaben, die seine Vergangenheit betrafen, auch keine über den Mann, der ihn in den Park bestellt hatte – er habe einen langen Mantel getragen, einen schwarzen Schnurr- und Backenbart gehabt. Der Beutel, den man am Uzdenkmal fand, war aus lila Seide und weiß gefüttert, kleiner als ein Tabaksbeutel. Bei der Sektion zeigte sich, daß der Stich den Herzbeutel zerrissen, das Herz gestreift, das Zwerchfell durchbohrt, die Leber erreicht hatte. Als dieser Befund bekannt wurde, änderten die Leute ihre Meinung: das war keine Verletzung von eigener Hand.

Die Mitteilung von Frau Meyer über den Befund der Sektion ist wichtig. Man darf als sicher annehmen, daß Kaspar ermordet wurde, und über die Ärzte staunen. Vermutlich floß kein Blut aus der Wunde; daß Menschen, deren Herz getroffen ist, noch eine Weile weiterstürmen, ereignet sich oft. Eine gewissenhafte Untersuchung scheint überhaupt nicht vorgenommen worden zu sein.

Da die Ermordung als gewiß gelten kann, fallen alle Vermutungen, Kaspar selbst habe den Beutel und den Zettel darin besorgt, von selbst fort. Erstaunlich ist die Herausforderung, die der Mörder sich leistete. Sie paßt nicht zu einem gedungenen Bravo, der sich bemühen muß, Anhaltspunkte zu vermeiden. Gerade aus diesem Grund verfiel er vielleicht auf den Zettel. Bayern hatte in jeder Himmelsrichtung Grenzen und Flüsse. Mit den drei Buchstaben M. L. Ö. konnte man nichts anfangen.

Jemand, der entschlossen ist, kräftig zuzustoßen, und es auch tut, nimmt nicht an, daß das Opfer noch Auskunft geben wird; der Mörder war ein ironischer Herr.

Stichaner, Generalkommissar und Chef der Verwaltung, schickte den Zettel sofort nach München an den Fürsten von Oettingen, der den Schluß zog, der Zettel deute »auf ungewöhnlichen Mut oder auf eine gegen jede Untersuchung schützende Persönlichkeit«. Diese Bemerkung steht in der Antwort Oettingens an Stichaner vom 21. Dezember; sie war verbunden mit der Mahnung: »Bei dem hohen Gewicht der Sache an und für sich und den politischen Beziehungen, welche sie in den Augen des Herrn Staatsministers des königlichen Hauses und des Äußern behauptet, beschwöre ich Eure Exc., alles aufzubieten, um mit dem gräßlichen Geheimnis auch den Schein zu beseitigen, als könne unter den Augen der in bezug auf Fremdenpolizei wachsamsten Regierung Deutschlands Ähnliches ungestraft und unvermerkt geschehen.«

Oettingen nahm ohne weiteres an, daß der Täter aus dem Ausland, von jenseits der bayrischen Grenzen, gekommen sei. Auch Stichaner glaubte nicht an die Verletzung durch eigene Hand. Er schlug vor, eine hohe Belohnung von 10000 Gulden auszusetzen. Der Brief ging am 24. Dezember nach München.

Am gleichen 24. nun traf aus Karlsruhe Herr von Dusch in Ansbach ein, Diplomat in badischen Diensten. Er hatte die Aufgabe, Einblick in den Stand und Gang der Untersuchung zu gewinnen. Die Idee Stichaners, eine so enorme Belohnung anzuregen, dürfte ihn unangenehm berührt haben.

Am 26. Dezember folgte Dusch ein zweiter Vertrauensmann des Großherzogs von Baden, der Freiherr von Reitzenstein. Über die Verhandlungen der beiden Herren mit Stichaner ist nichts bekannt, wohl aber, daß dieser dem Minister ihren Besuch verschwieg. Fürst Oettingen erfuhr gleichwohl davon.

Am 28. Dezember schrieb König Ludwig von Bayern an den Bericht der Minister des Innern und der Justiz: »Wie erfreut würde ich sein, wenn der Urheber dieser Mordtat erreicht werden sollte«, mit dem vorsichtigen Zusatz, die Meinung des Ministers der auswärtigen Angelegenheiten sei bei jeder Entscheidung einzuholen.

Die Belohnung wurde nicht ausgesetzt. Stieß man durch sie auf Hinweise, die zum Karlsruher Hof führten, so ließen sie sich nicht einfach übersehn. Die Herren von Dusch und von Reitzenstein waren nicht zum Vergnügen nach Ansbach gefahren. Die Staatsraison dämpfte den Eifer, den der König zuerst gezeigt hatte, gewiß auch der Esprit de corps. Liberale und Reaktionäre standen sich in Bayern wie überall in offener Feindschaft entgegen, und Ludwigs I. liberale Zeit lag schon hinter ihm. Er wünschte nichts zu unternehmen, was einen Bundesfürsten und damit die Monarchie bedrohen konnte.

Am 23. Januar empfahl Fürst Oettingen dem Herrn von Stichaner zwar, die Spuren in der Angelegenheit Hauser zu verfolgen, bemerkte aber, das in Baden regierende Haus habe in keinem Fall etwas mit Mordanschlägen gegen die Kinder des verstorbenen Großherzogs Karl zu tun (eine Anspielung auf die Möglichkeit, daß auch der zweite Sohn Stephanies 1817 beseitigt worden sei), ein Verdacht könne höchstens auf den verstorbenen Großherzog Ludwig und seinen Gehilfen von Fischer fallen (Fischer begegnete uns in der Beuggener Zeit Kaspars).

Das hieß nichts anderes, als daß die Nachforschungen abzubrechen seien. Das geschah auch; man wartete in Ansbach noch eine Weile, schloß die Untersuchung im September ab und erklärte, es sei wahrscheinlich, daß Kaspar Selbstmord begangen habe.

Was war geschehen, um Großherzog Leopold zu veranlassen, bereits wenige Tage nach dem Tod Kaspars zwei Vertreter nach Ansbach zu senden? Wenn er im Interesse Badens oder seiner Dynastie wünschte, aus dem Gerede, das durch das sensationelle Ende des jungen Menschen anschwellen mußte, herauszubleiben, hatte er sich an die Regierung in München zu wenden. Die Entsendung der Herren nach Ansbach war etwas ganz Außerordentliches.

Und, man beachte, daß Dusch die Aufgabe hatte, festzustellen, ob durch das Verhör Kaspars sich Anhaltspunkte ergeben hatten – bestimmte Anhaltspunkte, die auf eine bestimmte Person verwiesen. Es bleibt gar nichts anderes übrig, als zu vermuten, daß bei der Nachricht, in Ansbach sei eine Untersuchung eingeleitet, Großherzogin Sophie das einzige Mittel, das tatsächlich helfen konnte, ins Auge faßte: die Untersuchung mußte von ihrer Person abgelenkt werden. Dazu brauchte sie den Beistand des Gatten: sie legte ein Geständnis ab und tat es sofort, wie die Reise der beiden Herren beweist.

Das Geständnis muß ein fürchterlicher Schlag für den Großherzog gewesen sein. Es ist ausgeschlossen, daß er zusammen mit seiner Frau die Beseitigung Kaspars geplant hat. Nie würde er die Entschlossenheit, die zu einem sorgfältig vorbereiteten Verbrechen nötig ist, aufgebracht haben, auch nicht die moralische Hemmungslosigkeit, die im Charakter Sophies lag.

Mit Hilfe des sogenannten Hofdiariums kann man mit

ziemlicher Genauigkeit den Tag bestimmen, an dem sie sich eröffnet haben muß: den 18. Dezember. Am 17. erwähnt das Diarium: Frühstück des Prinzen Friedrich von Preußen mit dem Großherzogspaar, Spazierfahrt im Wagen, Abendtee in den Gemächern der Großherzogin. Am 18. Abreise des Gastes. Dann eine Lücke zwischen dem 18. und einem Souper intime, das der Großherzog am 21. ohne seine Gemahlin gab. Bis zum 29. Januar nennt das Diarium die Großherzogin nur am 1. und am 17. Januar, beim Neujahrsempfang und beim großen Hofball.

Man weiß, daß sie Weihnachten statt im Familienkreis allein in Eppingen verbrachte. Der Großherzog hatte ohne Zweifel nach dem Geständnis, das ihn mit Entsetzen erfüllte, verlangt, daß sie sich entfernte und nur, um Aufsehen zu vermeiden, an den beiden Januarfeiern teilnehme. Erst zum 29. Januar, als eine Abordnung empfangen werden mußte, kehrte sie zurück.

Sophie, die im dreiunddreißigsten Jahr stand, hatte in vierzehnjähriger Ehe vier Söhne und eine Tochter geboren. Die Verbindung galt als glücklich; fortan nahm sie, was den Leuten nicht entging, den entgegengesetzten Verlauf. Als im November 1834 Sophie mit dem sechsten Kind, einer Tochter, niederkam, sprachen bereits manche von einem anderen Vater. 1839 brachte sie das letzte Kind zur Welt, eine Tochter, die man offen dem Bankier Haber zuschrieb.

Die Familienbande am Karlsruher Hof wurden brüchig; die Großherzogin hielt sich anderweitig schadlos, der Großherzog suchte Trost im Alkohol und in den Tischfreuden. Die Ärzte schrieben ihm bald Marienbader Wasser als Getränk vor und schon im Herbst 1834 die erste unter vielen Badeortkuren. Um sich vom Mineralwasser zu erholen, ging er in die Schloßstallungen und trank mit den Pferdeknechten.

Er verwandelte sich in einen beklagenswerten Mann, den viele Sorgen quälten. Sein ältester Sohn, Erbgroßherzog Ludwig, ein sympathischer und begabter junger Mensch, hatte eine labile Gemütslage, die man mit der Abstammung von Gustav IV. von Schweden zusammenbringen mag. Der Abscheu vor der Mutter und der Gedanke an Kaspar Hauser zerstörten ihn.

1834, als er in Heidelberg studierte, lernte er während der Ferien in Baden-Baden die Großfürstin Helene kennen, eine gebürtige Württembergerin, die mit dem Bruder des Zaren Nikolaus I. verheiratet war und drei Töchter bei sich hatte. Ludwig verliebte sich in die älteste, die Großfürstin begünstigte ihn, soll aber gefürchtet haben, der polenfreundliche Karlsruher Hof werde sich ablehnend verhalten, und nahm einen Vermittler in Anspruch, den Sohn des Salomo von Haber, Moritz, den der Umstand, daß er verheiratet war, nicht abgehalten hatte, in Beziehungen zur Großherzogin Sophie zu treten, wovon ganz Karlsruhe wußte.

Großherzog Leopold fand den Vermittler anstößig; sein geschwächter Charakter versteifte sich. Er verbot dem Sohn, die junge Großfürstin wiederzusehn, und legte ihrer Mutter nahe, das Land sofort zu verlassen. Die Tochter starb bald danach, an gebrochenem Herzen, wie man sagte, und der Erbgroßherzog wurde in die Zusammenhänge eingeweiht – vermutlich durch den Privatsekretär, den Sophie nach Ansbach mitgenommen hatte und der jetzt sein Begleiter in Heidelberg war, der junge Klüber.

Die Reaktion auf die Eröffnungen, die man ihm machte, war Mutterhaß. Während einer Reise nach England setzten Halluzinationen ein. Er sah Kaspar Hauser, der den Thron von ihm verlangte. Daheim durfte man ihn nicht neben die Mutter setzen, er beschimpfte sie. 1847 ließ sich nicht mehr bezweifeln, daß er wahnsinnig war. Man brachte ihn in einem Schlößchen unter, bis zwei Jahre später die Revolution die großherzogliche Familie zur Flucht zwang.

Der Prinz wurde dem Kommandanten von Ehrenbreitstein anvertraut; hier besuchte ihn die jüngste Tochter Stephanies, Marie, die mit dem Marqueß von Douglas ver-

Karl Friedrich † 1811 ~
Luise von Hochberg † 1820

|

Großherzog Leopold 1830–1852 ~
Sophie Wasa

|

Großherzog Ludwig 1852–1856 — Großherzog Friedrich I. 1856–1907

|

Großherzog Friedrich II. 1907–1918

heiratet war, dem späteren Herzog von Hamilton. Für Prinz Ludwig war sie die Schwester Kaspars; Tucher berichtet: »Als sie sein Zimmer betreten habe, sei er vor ihr auf die Knie gesunken, habe sie umfaßt und unter heftiger Gemütserregung gesagt, man solle ihm die Geschichte von Kaspar Hauser aus dem Kopfe nehmen, dann werde er gesund.«

Ludwig bestieg 1852 den Thron, war aber nicht fähig, die Geschäfte zu führen, sein Bruder Friedrich vertrat ihn als Regent. Diese Lösung bestand vier Jahre, 1856 wurde der Regent Großherzog.

Um zum Jahr 1843 zurückzukehren, so sah sich Moritz von Haber in Baden-Baden von der Einladung zu einem Ball gestrichen, forderte Erklärungen und vernahm, er sei ein disqualifizierter Mann. Ein Duell zwischen einem russischen und einem badischen Offizier war die Folge, beide fielen. Großherzog Leopold verwies Haber aus dem Land; Haber ging nach Hessen, tötete seinerseits einen badischen Offizier im Duell und ließ sich in Paris nieder, er war mit einer Französin verheiratet.

Auch Leopold wurde vom Gedanken an Kaspar Hauser verfolgt. Er fürchtete ihn nicht, wünschte ihn vielmehr vor Augen zu haben, als Bild, das er betrachten konnte. Auf dem

Totenbett ließ er es nicht aus der Hand, wiederum Tucher zufolge. Er starb delirierend 1852. Ein Jahr später schrieb der österreichische Vertreter in Karlsruhe, von Philippsberg, an seinen Minister: »Die Kaspar Hausersche Geschichte hat kaum mehr ein anderes als ein historisches Interesse. Schon zu wiederholten Malen und noch ganz kürzlich kam eine bekannte Persönlichkeit auf gewisse geheime Papiere mit mir zu sprechen, welche der Großherzog Leopold kurz vor seinem Tode diesem seinem Vertrauensmann in einer blechernen Büchse mit dem Befehl eingehändigt hat, dieselben nie irgend jemandem seiner Familie zu geben. Diese Papiere betrafen das Leben und den Tod des Kaspar Hauser und waren großenteils aus dem Nachlaß des Major Hennenhofer gezogen... Großherzog Leopold soll oft mit seinem Vertrauensmann [1] ein in seiner Familie begangenes Verbrechen mit Entsetzen besprochen und beteuert haben, daß auf ihm keine Schuld laste, daß, wenn er etwas zu sühnen hätte, mit Vergnügen vom Throne steigen würde...«

Diesem Brief des Freiherrn von Philippsberg an den Minister Graf von Buol-Schauenstein – er befindet sich im Wiener Haus-, Hof- und Staatsarchiv – kommt eine große Bedeutung zu. Philippsberg hat mit dem Vertrauensmann des Großherzogs Leopold selbst gesprochen – es besteht kein Grund, diese Angaben zu bezweifeln. Aus den Mitteilungen des Vertrauensmannes wiederum geht eindeutig hervor, daß erstens Leopold sich durch ein in seinem Hause begangenes Verbrechen bedrückt fühlte, daß zweitens das Verbrechen nicht von ihm begangen worden war, daß drittens es sich um die Beseitigung des rechtmäßigen Thronfolgers handelte. Der Sinn des letzten der angezogenen Sätze kann kein anderer sein als: wenn Kaspar Hauser noch lebte, würde Leopold auf den Thron verzichten.

[1] Wahrscheinlich Oberstallmeister von Seldeneck, der mit dem Großherzog einen Ahn gemeinsam hatte.

Philippsberg berichtet außerdem, in der Blechkassette befänden sich »kompromittierende Briefe eines Apothekergesellen namens Sauler, welcher in der Nähe des Aufenthaltsortes des Majors Hennenhofer, aber auf dem linken Rheinufer im Elsaß wohnte. Aus denselben soll hervorgehn, daß acht Tage vor dem Mord Herr Sauler sich nach Ansbach begeben habe und daß nach der Katastrophe dessen Briefe immer von Gewissensbissen, von dem Fluche seines Vaters sprechen.«

Mit diesem Sauler ist ein gewisser Sailer gemeint. Philippsberg sagt nur, er solle nach Ansbach gegangen sein. Man hat festgestellt, daß Sailer eines Tages auf einer Fahrt nach Straßburg von der badischen Polizei angehalten wurde und die Freifrau oder Gräfin Langenstein, alias Schauspielerin oder Tänzerin Werner, die verlangte Kaution bezahlte, so daß Hennenhofer imstande war, den Sailer freizubekommen.

Die Werner, Geliebte des Markgrafen und späteren Großherzogs Ludwig, dieser selbst, sein Vertrauter Fischer, Hennenhofer, Großherzogin Sophie und Gräfin Hochberg – das ist der Personenkreis, in dem man die Mitspieler eines Dramas, das 1812 begann und 1833 endete, zu suchen hat. Mit anderen Worten, noch mehr als die Gräfin von Hochberg mag 1812 im Mittelpunkt Ludwig stehn. Man braucht nur anzunehmen, daß die Geburt des Erbprinzen ihm mißfiel, weil er die Aussicht, selbst Großherzog zu werden, schwinden sah. Er hätte also doch mehr Wert auf den Thron gelegt, als er sich den Anschein gab.

Stimmt diese Auffassung, so würde die Gräfin Hochberg entlastet: nicht sie nahm die Vertauschung vor, sondern irgendeine von Ludwig gekaufte Person, und zwar wählte man schon ein dem Tode verfallenes Kind. Klingt das zu unwahrscheinlich, so kann es bei der von Bapst vertretenen These bleiben: die Gräfin wollte nur einen Druck ausüben, das Kind starb unvermutet, sie entdeckte sich Ludwig gegenüber, und dieser fand, die Lage sei seinen Wünschen förderlich. Ohne eine Konstruktion kommt man nicht aus, aber das ist kein Beweis dafür, daß nicht ein dunkles Manöver vorgenommen wurde. Kolportagegeschichten sind immer unwahrscheinlich und ereignen sich doch.

Als Helferin und Mitwisserin also kann die Gräfin beteiligt gewesen sein. Nicht sie, sondern Ludwig ließ das untergeschobene Kind vielleicht nach Beuggen bringen. In den Einzelheiten ändert sich das Bild, nicht aber im ganzen – eine Unterschiebung fand statt und später ein Mord.

Diese Auslegung hat für die Familie Hochberg einen gewissen Wert. Sowieso ist keiner der Nachkommen der Gräfin belastet; Leopold litt schwer unter dem Geheimnis, sein ältester Sohn Ludwig ging an ihm zugrunde, und sein jüngerer, Friedrich, fühlte sich zeitlebens davon bedrückt. Manches spricht dafür, daß nicht die Gräfin der Hauptschuldige war.

Wir kehren zum Bericht Philippsbergs zurück. Er schließt wie folgt: »Von der Existenz der Papiere in der Blechkapsel scheint bis zum Frühling dieses Jahres (1853) bloß der Herzog von Koburg, Schwager des Regenten (Friedrich), auf unerklärliche Weise Kunde erhalten zu haben; wenigstens hat er sich durch große Versprechungen in den Besitz derselben zu setzen versucht.« Die jüngste Tochter der Großherzogin Sophie heiratete später den Großfürsten Michael Nikolajewitsch. Dieser ging unter die Kaspar-Hauser-Forscher, angeregt durch Studien, die er betrieb, um eine Biographie der badischen Gemahlin Zar Alexanders I. zu schreiben. Auch er kam zur Überzeugung, daß Kaspar der Sohn Stephanies gewesen sei, und veröffentlichte das Ergebnis seiner Untersuchungen, wie Bapst von ihm selbst erfuhr, nur aus Rücksicht auf die Empfindungen der Familie nicht.

Es ist möglich, daß die Papiere, von denen Philippsberg spricht, statt in den Besitz des Herzogs von Koburg in den des Großfürsten gekommen sind. Der Großfürst und seine

Dokumente verschwanden in den Wirren der russischen Revolution von 1917. Der düstere Aspekt, unter dem das Leben Kaspar Hausers stand, schwebt auch über den Versuchen, die Wahrheit festzustellen.

Als Leopolds zweiter Sohn die Würde des Regenten mit der des Großherzogs vertauschte, 1856, vermählte er sich mit Luise, Tochter des Prinzen von Preußen, der einige Jahre später als Wilhelm I. den Thron bestieg. Großherzog Friedrich hatte die zerrüttete Ehe der Eltern, den Wahnsinn des Bruders erlebt: das alles stand mit Kaspar Hauser in einem beklemmenden Zusammenhang.

Er selbst war ein tüchtiger, gesunder und wohlwollender Mann; wurde aber Kaspar mehr oder weniger deutlich erwähnt, so überfiel ihn ein nervöses Zittern. Großherzogin Luise beschloß mit preußischer Energie, zum Vergessen zu bringen, was nicht mehr zu ändern war. Soweit ihr Einfluß reichte, und er reichte weit, sorgte sie dafür, daß die Kaspar-Hauser-Dokumente vernichtet wurden.

Die Dokumente waren als Akten, Briefe, Aufzeichnungen in den Archiven des Staates und des Adels bewahrt, aber auch in denen der auswärtigen Mächte, die im Lauf der Jahre Depeschen von ihren Vertretern erhalten hatten. Sie den künftigen Historikern zu entziehn, wurde eine der Lebensaufgaben der Großherzogin.

Als sie 1867 die Pariser Weltausstellung besuchte, ließ Napoleon III. sich überreden, die Vernichtung der Kaspar-Hauser-Berichte anzuordnen; in Wien wurde vieles beseitigt, Bayern jedoch lehnte ab. Ein so wichtiges Schriftstück wie der Brief Philippsbergs entging der Zerstörung nur dadurch, daß er in einer anderen Rubrik untergebracht war.

Die Bemühungen der Großherzogin lassen sich begreifen, ermangelten aber der Einsicht. Man schafft Dinge, von denen jedermann weiß, nicht durch Unterdrückung der Akten aus der Welt. Im Gegenteil, man stachelt nur die Neugierde an. Enkel werden durch die Vergehen der Ahnen nicht mehr belastet, wenn die Vergehen historisch geworden sind. Alles Menschliche fällt unter die Gnade der Verjährung. Es ging in sämtlichen Fürstenhäusern shakespearisch zu, im badischen nur etwas später als in den anderen.

Die Dynastie regiert nicht mehr, Empfindlichkeiten und Rücksichten erübrigen sich. Man sollte zugänglich machen, was sich noch erhalten hat. Als Stephanies Tochter, die Herzogin von Hamilton, 1888 in Baden-Baden starb, bemächtigte sich die Polizei sofort ihrer Papiere, doch soll sie die auf Kaspar bezüglichen rechtzeitig ihrer Tochter, Gräfin Festetics, nach Ungarn mitgegeben haben. Die Memoiren der Gräfin Walsh, der Oberhofmeisterin Stephanies, sind noch nicht veröffentlicht, auch nicht die zweite Hälfte der Erinnerungen des Grafen Wilhelm. Der Freiherr von Tucher hat Aufzeichnungen hinterlassen; Mitglieder der badischen Hofgesellschaft haben dasselbe getan, es besteht kein Zweifel.

Jenes Fräulein, das mit dem jungen Karl Friedrich, den sie zuerst für seinen Adjutanten hielt, eine Verbindung einging, schrieb ihr Erlebnis nieder; der vorletzte Besitzer des Heftes war ein Nachkomme, Dr. Bumm, der in Baden-Baden lebte. Diese Papiere haben zwar nichts mit Kaspar Hauser zu tun, seien aber erwähnt, um zu zeigen, wie viele unverhoffte Funde möglich sind.

Was immer noch zum Vorschein kommen mag, dürfte an den Grundlinien nichts mehr ändern. Die Wahrscheinlichkeit, daß Kaspar der legitime Thronerbe war, ist so groß, daß sie als gewiß behandelt werden kann. Wie Bapst berichtet, erklärte 1913 Prinz Max von Baden, der dem kinderlosen Großherzog Friedrich II. gefolgt wäre, seinem Vetter, dem Großfürsten Michael Nikolajewitsch, wenn er den Thron besteige, würden die Reste Kaspar Hausers in der Ahnengruft zu Pforzheim beigesetzt. In dieser ist auch Stephanie bestattet, nicht aber die Gräfin von Hochberg.

Stimmt die Mitteilung Bapsts über die Absicht des Prinzen Max, so läßt sich ihr entnehmen, daß an der Identität Kaspar

Hausers mit dem Erbprinzen, der 1812 geboren wurde, kein Zweifel besteht. Die Überführung in die Familiengruft wäre eine Sensation gewesen, zu der man sich nur unter dem stärksten Gewissenszwang entschließt.

Der Entschluß hätte dem Prinzen alle Ehre gemacht und die Behandlung des Falles Kaspar Hauser auf den Weg gelenkt, der der einzig richtige ist: nicht Vertuschung, sondern Darlegung. Die Darlegung würde den Auffassungen des Großherzogs Leopold und seines unglücklichen Sohnes Ludwig entsprochen haben.

10

Die Angaben der Frau Meyer über den Sektionsbefund, wenige Tage danach niedergeschrieben, sind so genau, daß als sicher gelten kann: der Stoß wurde mit einer Wucht ausgeführt, die den Gedanken an eine Selbstverletzung widerlegt. Kaspar war kein Simulant, er ist ermordet worden.

Der Plan, ihn zu beseitigen, entstand auch nicht im Kopf des Mannes, der den Findling in Nürnberg an der Stirn verletzte, um ihm eine Warnung zu erteilen; nicht der Jagdhüter von Pilsach verfaßte den Zettel, den man im Beutel fand. Der Zettel wies keine Schreibfehler auf wie jener, den Kaspar in der Hand hielt, als er den Rittmeister besuchte.

Das Attentat erfolgte am 14. Dezember, der Tod am 17., und bereits am 24. traf der erste von zwei badischen Diplomaten in Ansbach ein, der zweite am 26. Dieser zweite, Reitzenstein, hatte unterwegs einen Pferdewechsel in Eppingen benutzt, um der Großherzogin Sophie, die dort Weihnachten fern von der Familie lebte, »l'hommage respectueux de ma plus vive gratitude« darzubringen.

Mit diesen Worten berichtete der Großherzog Leopold über den Besuch. Die nichtssagende Wendung hatte wohl einen verabredeten Sinn. Die Verbannung der Großherzogin über Weihnachten zwingt zur Annahme, daß sie dem Gatten ein Geständnis abgelegt hatte – vermutlich am 18., wie wir gesehen haben.

Daß Kaspar Hauser etwas mit der großherzoglichen Familie zu tun hatte, untersteht nicht dem geringsten Zweifel. Zu viele Indizien und Nachrichten belegen diese Tatsache. Großherzog Leopold, der Thronfolger Ludwig, die Töchter Stephanies, Großfürst Michael Nikolajewitsch, Großherzog

Friedrich, Prinz Max – alle gestanden sich ein, Kaspar sei der Sohn des zweiten Großherzogs gewesen. Die meisten Vertreter der auswärtigen Höfe teilten diese Auffassung, der die private Meinung im Land und die Überlieferung in den Hofkreisen entsprach. Hennenhofer galt allgemein als der Mann, der die Beseitigung Kaspars übernommen habe.

Wenn man annimmt, daß der Brief, den der Bürgermeister von Nürnberg, nachdem er sich an die Öffentlichkeit gewandt hatte, 1828 aus dem Badischen erhielt und worin er ungläubig las, Kaspar könne der 1812 geborene Erbprinz sein, von derselben Hand herrührt, die 1816 dafür sorgte, daß in den Pariser und Berliner Zeitungen Hinweise auf den Gefangenen von Beuggen erschienen, so erlebte der Schreiber die Genugtuung, die Welt doch noch für seinen Schützling interessiert zu haben.

Gegen den Flaschenpostzettel kann man natürlich einwenden, der Verfasser habe nur geglaubt, Kaspar sei der Sohn des Großherzogs Karl, eine objektive Beweiskraft komme der Mitteilung nicht zu. Ordnet man sie aber in den Zusammenhang der Geschehnisse ein, so ändert sich das Bild. Der Zettel ist der erste Hinweis auf die Identität von Kaspar Hauser und dem Erbprinzen. Niemand wird behaupten wollen, es sei nur ein Zufall, daß die Umstellung der Buchstaben des unförmigen Namens S. Hanes Sprancio am Schluß des Zettels die Worte Sein Sohn Caspar ergibt.

Unser Urteil über das Verhalten Stephanies beruht nicht ausschließlich auf der Äußerung Carmen Sylvas, von der Bapst berichtet. Man müßte den Wortlaut der betreffenden Stelle im Tagebuch Stephanies kennen, um sicher zu sein, daß die Königin von Rumänien sich nicht übertrieben ausgedrückt, nicht Einschränkungen fortgelassen hat. Jedoch, selbst wenn wir nichts von ihrer Bemerkung wüßten, bliebe der Entschluß Stephanies, sich nach anfänglicher Neugierde nicht mehr um Kaspar Hauser zu kümmern, befremdlich genug.

Sie sah ihn im April 1832, schwieg und verbrachte ein Jahr mit Reisen, um auf andere Gedanken zu kommen; bald nach ihrer Rückkehr starb Kaspar – hatte sie bisher nichts unternommen, so lag nach diesem Termin noch weniger ein Anlaß vor.

Die Furcht des Großherzogs Karl vor Gift wird mehrfach bezeugt. Zunächst ist man geneigt, in ihr die Wahnvorstellung eines kranken Menschen zu sehn. Auch die Berichte über den Tod seines zweiten Sohnes scheinen eine natürliche Erklärung zu liefern. In den Erinnerungen des Fräuleins von Scharnhorst, Ehrendame der entthronten Königin von Schweden, heißt es: »Der im vorigen Jahre (1816) geborene Erbe starb nach langem Kränkeln. Das arme Kind stand viel aus; unter anderem faulten seine Zähnchen, sobald eines zum Durchbruch kam. Dabei war sein Gaumen immer entzündet. Es schrie erbärmlich, das kleine Wesen war ein Marterbild.«

Andere Mitteilungen erwähnten ein andauerndes Fieber – von diesem und dem entzündeten Gaumen ließe sich auf eine Infektion schließen, und von dieser auf Gift. Der Großherzog, und nicht er allein, war überzeugt, man habe sein Kind hinweggeräumt. Angenommen, es sei so gewesen, erheben sich zwei Fragen: ob die Beseitigung der beiden Söhne, das eine Mal durch Vertauschung, das andere Mal durch Vergiftung, auf ein und denselben Initiator zurückgehe, und wer als solcher in Betracht komme, außer der Gräfin von Hochberg.

Es gab jemand am Karlsruher Hof, der allen Anlaß hatte, Napoleon zu hassen und diesen Haß leicht auf die Adoptivtochter des Kaisers ausdehnen konnte – auf sie und alle, die mit ihr zusammenhingen. Wir meinen nicht die Markgräfin Amalie, sondern ihren Schwager, den Markgrafen Ludwig, der 1818 dritter Großherzog wurde.

Das Vergnügen, das er an seinem ungebundenen Junggesellenleben fand, schließt nicht aus, daß er Großherzog zu werden wünschte. Es könnte sein, daß er an der Beseitigung des ersten Sohnes seines Neffen Karl bereits beteiligt war. In der Kindesvertauschung kann man statt eines Erpressungsmanövers der Gräfin einfacher einen Eingriff des Markgrafen Ludwig sehn.

Im Oktober 1812 wußte er noch nicht, daß es mit Napoleon zu Ende ging. 1816, als der zweite Sohn Karls geboren wurde, stand hinter Stephanie niemand mehr, der sie schützte; sie war nun in den Augen Ludwigs die überflüssige Französin. Gegen die Thronfolge der Hochbergsöhne hatte er sowieso nie etwas gehabt – er zog sie den Söhnen der Fremden vor. Für die Gräfin bestand 1817 kein Grund mehr, sich nochmals an einem Kind Stephanies zu vergehen. Erstens erlangten ihre Kinder in diesem Jahr die Vollberechtigung, und zweitens sah sie sich von ihnen enttäuscht, sie verdankte ihnen die Entmündigung.

Das also sind die Erwägungen, die es nahelegen, bei der Frage nach dem Initiator mehr an den Markgrafen Ludwig als an die Gräfin von Hochberg zu denken. Die Mittäterschaft der Gräfin ist möglich, im Fall Kaspar Hauser sogar wahrscheinlich – die letzte Einsicht steht noch aus. Bapst, der auf die Schuld der Gräfin eingeschworen ist, berichtet, im Hause Festetics habe man ihm gesagt, seine Vermutungen über Kaspar Hauser seien très près de la vérité.

Die Angaben Bapsts betreffend die Schicksale der Tagebücher Stephanies mögen hier folgen. Das Original war im Besitz ihrer Tochter Josephine, Fürstin von Hohenzollern-Sigmaringen, die 1900 starb. Sie widerstand allen Bemühungen der Großherzogin Luise, in die sich auch deren Vater, Kaiser Wilhelm, und ihr Neffe, Wilhelm II., einschalteten. Der Sohn Josephines, Leopold, derselbe, dessen spanische Kandidatur 1870 den deutsch-französischen Krieg auslöste, war weniger zäh; nachdem er einige Reflexionen aus dem Tagebuch seiner Großmutter ausgezogen hatte, willigte er in die Beseitigung des Originals ein: Offiziell ging es bei einem Brand im Schloß von Sigmaringen unter.

Zwei Abschriften waren angefertigt worden, für die Enkelin Stephanies, Königin Karola von Sachsen, und für Stephanies dritte Tochter, die Herzogin von Hamilton. Königin Karola gab dem Drängen der Großherzogin Luise insofern nach, als sie die zweite Hälfte ihrer Abschrift vernichtete: diejenige, in der sich Äußerungen befunden hätten, die für die großherzogliche Familie beleidigend seien. Den nicht zerstörten Teil veröffentlichte die Revue des Deux Mondes 1932.

Die Beschlagnahme der Papiere der Herzogin von Hamilton nach ihrem Tod förderte die für sie angefertigte Abschrift nicht zutage, sie befand sich schon in Ungarn, bei der Tochter der Herzogin, Gräfin und später Fürstin Festetics. Diese, um Ruhe vor der Großherzogin Luise zu haben, verpflichtete sich, zugleich für ihre Nachkommen, nie in eine Veröffentlichung einzuwilligen. Ob die Abschrift die Wirren, die nach dem Zweiten Weltkrieg in Ungarn sich ereigneten, überstanden hat, ist im Augenblick nicht bekannt.

Der Brief, den Kaspar, als er in Nürnberg auftauchte, dem Rittmeister übergab, und der eingelegte Zettel der angeblichen Mutter haben sich nicht im Original, sondern nur in Faksimiles, die man alsbald mit großer Sorgfalt anfertigte, erhalten, wohl aber wird der Zettel, der sich nach dem Attentat in jenem Damenbeutel fand, im Ansbacher Kaspar-Hauser-Museum aufbewahrt. Es gibt eine Reihe Niederschriften von Kaspars Hand, Aufsatzhefte und Briefe. Die Faksimiles, der Ansbacher Zettel, die von Kaspar verfaßten Schriftstücke bilden das graphologische Material für die Frage, ob Kaspar ein Betrüger gewesen sei, der den Rittmeisterbrief und die zwei Zettel selbst hergestellt habe. Der Ansbacher Zettel ist in Spiegelschrift angefertigt, wahrscheinlich mit der rechten Hand, vielleicht mit Hilfe einer Pause. Die Angabe, daß Kaspar sich mit Spiegelschrift beschäftigt haben soll, war für Beurteiler, die ihn als Schwindler ansahen, schon ein halber Beweis der trügerischen Absicht. In seinen Papieren jedoch fehlen die Unterlagen, die auf solche Übungen schließen lassen.

E. Brunner, der in Zürich einem Institut für gerichtliche Schriftenuntersuchung vorstand, hat 1930 (in der Zeitschrift für Menschenkunde, V. Jahrgang) ein Gutachten auf graphologischer, mikroskopischer und mikrophotographischer Grundlage über das gesamte Material veröffentlicht. Was die beiden Nürnberger Schriftstücke anlangt, lautet sein Urteil: »Die Handschrift des Hauptbriefes und des beigefügten Zettels sind von ein und derselben Hand geschrieben«, und »Das Empfehlungsschreiben und der beigefügte Zettel stammen nicht von der Hand des Kaspar Hauser. Auch mit Rücksicht auf die Entwicklung der Handschrift Hausers besteht nicht die geringste Möglichkeit, daß Hauser den Empfehlungsbrief oder den beigefügten Zettel geschrieben hat.«

Hinsichtlich des Ansbacher Zettels erklärt Brunner: »Die fragliche Spiegelschrift kann unmöglich von Kaspar Hauser geschrieben sein. Bei genauer Untersuchung sämtlicher Schrifteigenschaften wird die Nichtidentität evident.«

Die Vermutung, Kaspar habe den Zettel, den man am Ort des Mordanschlages fand, selbst vorbereitet und sich dann die Wunde beigebracht, wird auch durch das Brunnersche Gutachten erledigt.

Er trug den Namen eines der drei heiligen Könige; aber der Stern, unter dem er stand, glühte in einem tückischen Rot vom ersten Tag bis zum letzten der einundzwanzig Jahre, die ihm zugemessen wurden.

Schuldlos, war er unglücklich wie ein Opfer, das fremde Schuld sühnen muß. Es klingt sehr schön, daß alle Schuld sich rächt, die Dichter und die Prediger sagen es. Aber die Schuld müßte sich an denen rächen, die sie begangen haben – an ihnen selbst, nicht an ihrer Nachkommenschaft.

Die Ausdehnung des Fluches auf die Kinder und Kindeskinder widerstrebt dem Gefühl – zu deutlich an ihr der alttestamentarische Ursprung, der den christlichen Gedanken der Verzeihung noch nicht kennt. Sollte wirklich der junge Ludwig, Leopolds Sohn, aus Entsetzen über das Schicksal Kaspars dem Wahnsinn verfallen sein, so erweichte sein Los nicht das Gewissen der Schuldigen, seiner Mutter. Ludwig war so schuldlos wie Kaspar Hauser. Es ist wahr, die Menschen büßen für einander, aber es geschieht auf Grund einer Verflechtung, nicht einer falsch ausgelegten Moral.

Daß der Jagdhüter in Pilsach zuletzt wegen seiner Unterschleife entlassen wurde und im Elend starb, ist ein schwacher Trost. Die moralische Weltordnung hat nur einen Sinn, wenn man von ihr sagt, daß es sie geben *müßte* und der Mensch sich verhalten *sollte*, als könne er sie heraufführen, durch sein Streben. Die Umdeutung in ein objektives, tatsächliches Regulativ, sagt einem so späten Zeitalter wie dem unsrigen nichts mehr – es sah zu viel der Ungerechtigkeit, der blinden Wahllosigkeit.

Er tauchte auf, wie ein verirrter kleiner Hase am Waldrand auftaucht und ins Dorfgehege gerät – einige herzen und bemitleiden ihn, zuletzt schlägt man ihn tot. Dann kommen andere und gönnen ihm nicht einmal das Andenken eines hilflosen Opfers – Kaspar sei ein Simulant gewesen und habe sich nur aus Versehen eine zu tiefe Wunde beigebracht. Nichts ist bei Kaspar Hauser so echt wie die Furcht, die ihn jagte. Er sah schattenhafte Hände, die nach ihm griffen, und hatte recht.

Als man eines späten Tages feststellte, daß der Verschlag im Schloß von Pilsach sein Jugendaufenthalt gewesen sein müsse, war der Wärter, der hätte sprechen können, tot. Mit einer unheimlichen Folgerichtigkeit sorgte die Schicksalsmacht dafür, daß alles am Leben Kaspars in Unbestimmtheit gehüllt blieb, während der fünf Jahre, die er unter Menschen zubrachte, und nachher.

Was dachte er von sich selber, der Jüngling Kaspar, wenn er zu seiner Schreibstube ging? Noch eben hatte er in Nürnberg mit Majestäten gesprochen, die ihm versicherten, sie würden sich seiner annehmen, und doch nichts taten. Er wartete auf den Lord, der jede Stadt besuchte, nur ihn in Ansbach nicht –

auf Enthüllungen, die ihm den Weg in die große Welt freigeben sollten, und nebenher auf die Bestellung als Kanzleigehilfe, die, auch sie, noch nicht gesichert war.

Alles wäre noch erträglicher gewesen, wenn er gewußt hätte, daß sich seinetwegen zwei Großherzoginnen im Park aufgestellt hatten – die eine, weil man ihr sagte, er sei vielleicht ihr Sohn, und die andere, weil sie fürchtete, er koste sie den Thron.

Wir wissen zu wenig über die Höhe seiner Intelligenz, die Tiefe seiner Anlage; aber ob er nun ein Durchschnittsmensch war oder mehr, das *Ephemere* dieses Kindes, seine Hilflosigkeit und seine Erregung, die man nur ahnen kann, rührt ans Gefühl.

Unsere Erzählung, nicht in unterhaltender, sondern in feststellender Absicht geschrieben, ist ein Tatsachenbericht. Die wenigsten Figuren spielen eine erhebende Rolle, die meisten gewähren einen Einblick in die selbstsüchtigen Motive, die den Menschen bewegen, einige in seine kleinlichen Ängste vor dem Entschluß. Die Mächtigen versprechen Hilfe, erwecken Hoffnungen und lassen den Leichtgläubigen im Stich. Man sage nicht, derart sei es eben in den gehobenen Kreisen, in den besitzenden Ständen zugegangen, wir hätten die ausbeuterischen Fürsten, die schwunglosen Bürger hinter uns gebracht.

Kommen andere Potentaten und andere Nutznießer zur Macht, so wiederholt sich alles. Zwar ist es nicht dasselbe Schauspiel, doch dieselbe Regie. Der arme Hase, der sich in die Dorfgemarkung verirrt, wird immer zu Tode gehetzt.

Anhang

Ich erhielt von J. Holler, Ministerialdirektor i. R. in Freiburg, folgenden Brief vom 28. 4. 1951: ... Ich teile Ihre Auffassung, daß der Hauptschuldige Großherzog Ludwig gewesen ist. An der Beseitigung Hausers trägt aber wohl die Großherzogin Sophie die Hauptschuld; mit Ihnen bin ich der Auffassung, daß das Charakterbild, das Weech in den Badischen Biographien von ihr entwirft, geradezu eine Geschichtsfälschung ist.

Meine Auffassung ist nach wie vor, daß die wirkliche Wahrheit nie herauskommen wird, weil alle Originaldokumente von den handelnden Personen wohl unwiederbringlich vernichtet sind. In der Zwischenzeit habe ich nun wohl den bestimmten Beweis erbracht bekommen, daß auch das sogenannte Tagebuch *Hennenhofers* vernichtet ist. Ich erhielt nach einem Vortrag einen Zeitungsausschnitt vom Jahre 1933, in welchem der frühere Eisenbahnbeamte Rössler, jetzt badischer Landtagsabgeordneter, zu den Memoiren Hennenhofers Stellung nimmt. Er schreibt darin, daß er die Nachlaßakten Hennenhofers eingesehen habe, und zitiert daraus das Testament. Er behauptet dann, er wisse bestimmt, daß »der Pack«, von welchem im Testament die Rede ist, viele Jahre später unveröffentlicht verbrannt worden sei. Ich habe Herrn Rössler selbst um nähere Angaben gebeten und habe von ihm Folgendes erfahren:

Seine Familie sei mit dem Stadtdirektor von Uria befreundet gewesen. Uria starb erst 1876. Er habe die Absicht gehabt, über Uria eine Biographie zu schreiben. Zum Zwecke der Aufklärung der Vorgänge beim Tode Hennenhofers sei er auf den Gedanken gekommen, nach Nachlaßakten auf dem Amtsgericht Freiburg zu forschen und habe auch diese Akten zu kurzer Einsicht für kurze Zeit ausgehändigt bekommen. Er habe sie etwa eine Stunde lang besessen, habe sie nicht mit nach Hause genommen, sondern nur das Testament abgeschrieben.

Nach Einsicht der Akten habe sich Rössler dafür interessiert, wo die in der Wohnung Hennenhofers beschlagnahmten Akten, besonders der sogenannte »Pack« hingekommen sei. Durch Nachfrage bei den Abkömmlingen von Uria habe er erfahren, dieser habe den bei der Beschlagnahme vorgefundenen Pack nicht, wie er verpflichtet gewesen sei, persönlich an den Großherzog abgeschickt, sondern für sich behalten. Er habe dies getan, um dem damals schon schwer kranken Großherzog Leopold die Aufregung zu ersparen. Uria, welcher als ein sehr eigenwilliger und unter Umständen auch unbotmäßiger Herr geschildert wird, habe den Pack, welcher die Aufschrift »Kaspar Hauser« getragen habe und in rotes Papier eingeschnürt gewesen sei, bei sich behalten und ihn dann gegen Ende der 1860er Jahre seinem Freund Dahmen überlassen.

Dahmen sei damals österreichischer Agent in Karlsruhe gewesen und habe in dem Gut Hechtsberg bei Hausach gewohnt. Nach seinem Ausscheiden aus österreichischem Dienst, etwa im Jahre 1875, sei das verschnürte Paket auf eine Tochter Dahmens übergegangen, die als hochbetagte Frau in München gestorben sei. Von Dahmen sei auf dem Paket die Aufschrift gesetzt worden »nach meinem Tode zu verbrennen«, und das habe die Tochter dann auch getan.

Die Sache habe nicht gerade wahrscheinlich geklungen, er habe deshalb vor einigen Tagen zwei hier in Freiburg wohnende hochbetagte Enkelinnen von Uria aufgesucht und Informationen von ihnen erbeten. Sie hätten übereinstimmend berichtet, die Übergabe des Packs an Dahmen hätten sie von ihren Eltern bestätigt bekommen, ebenso wüßten sie genau, daß das fragliche Paket von einer Tochter oder Enkelin Dahmens in München verbrannt worden sei.

Die Ähnlichkeit der Gesichtszüge Kaspar Hausers mit denen von Mitgliedern der großherzoglichen Familie wurde öfter festgestellt. Philipp Fürst zu Eulenburg-Hertefeld berichtet in seiner Schrift ›Das Ende König Ludwigs II. und andere Erlebnisse‹ (1934), daß er 1890 in Sigmaringen die Fürstin Josephine von Hohenzollern, Tochter Stephanies, sah und daß ihm die Ähnlichkeit mit den Bildern Kaspar Hausers (Stirn, Auge, Kinn) aufgefallen sei.

Herr Adolf Zopf in Heidelberg schrieb mir, ein Ölbild des Großherzogs Karl im Kurpfälzischen Museum in Heidelberg weise eine unverkennbare Ähnlichkeit mit Kaspar Hauser auf.

Otto Flake

Werke in Einzelausgaben
Herausgegeben von Rolf Hochhuth und Peter Härtling

Erzählungen
463 Seiten. Leinen
S. Fischer

Fortunat
Roman in zwei Büchern
Zus. 1567 Seiten. Leinen
S. Fischer

Monthiver-Mädchen
784 Seiten. Leinen
S. Fischer

Freiheitsbaum und Guillotine
57 Essays aus sechs Jahrzehnten
588 Seiten. Leinen
S. Fischer

Die erotische Freiheit
Essay. 111 Seiten. Geb.
Nachwort von Peter Härtling
S. Fischer Bibliothek

Im Fischer Taschenbuch Verlag sind folgende Bücher lieferbar:

Es wird Abend
Bericht aus einem langen Leben
Band 2272

Große Damen des Barock
Historische Porträts
Band 2273

Hortense oder Die Rückkehr nach Baden-Baden
Roman. Band 2271

Kaspar Hauser
Band 9557

Ein Leben am Oberrhein
Essays und Reiseskizzen aus dem Elsaß und aus Baden
Band 5919

Ulrich von Hutten
Mit einem Vorwort von Golo Mann
Band 5836

Marquis de Sade
Mit einem Anhang über Rétif de la Bretonne
Band 2275

Schloß Ortenau
Roman. Band 5787

Die Monthiver-Mädchen
Bd.1: Der junge Anselm/Die Reise nach Stockholm
Band 9176
Bd.2: Der Hofrat/Verena
Band 9177

Sommerroman
Band 5837

Türkenlouis
Gemälde einer Zeit
Band 5788

Fischer Taschenbuch Verlag

fi 222/5